薄伽梵歌

BHAGAVAD-GĪTĀ

BHAGAVADGĪTĀ

Bhandarkar Oriental Research Institute, Poona, 1947

本書依據印度班達卡爾東方研究所 1947 年版本譯出。

薄伽梵歌

目錄

譯者導讀

黃寶生

《薄伽梵歌》（Bhagavad-gītā）是印度古代史詩《摩訶婆羅多》（Mahābhārata）中的一部宗教哲學詩。因此，在閱讀《薄伽梵歌》之前，先要了解一下《摩訶婆羅多》。

《摩訶婆羅多》的成書年代約在西元前四世紀至西元四世紀，歷時八百年。它以口說方式創作和傳誦，不斷擴充內容，層層累積而成，最後定型的篇幅達到「十萬頌」（每頌一般為三十二個音節），譯成漢語約四百萬字。

《摩訶婆羅多》全詩共分十八篇，以古印度列國紛爭時代的社會為背景，敘述了婆羅多族兩支後裔俱盧族和般度族爭奪王位繼承權的鬥爭。

象城的持國和般度是兩兄弟。持國天生眼瞎，因而由般度繼承王位。持國生有百子，長子難敵。般度生有五子，長子堅戰。這便是偉大的婆羅多族的兩支後裔，前者稱為俱盧族，後者稱為般度族。不久，般度死去，由持國攝政。堅戰成年後，理應繼承父親的王位。但難敵不答應，企圖霸占王位，糾紛從此開始。

難敵設計了一座紫膠宮，讓般度族五兄弟去住，準備縱火燒死他們。般度族五兄弟倖免於難，流亡森林。其間，般遮羅國王的女兒黑公主舉行選婿大典，般度族五兄弟喬裝婆羅門前往應試。五兄弟之一阿周那按照選婿要求，挽開大鐵弓，射箭命中目標，贏得了黑公主。從此，黑公主成為般度族五兄弟的共同妻子。而般度族也在這次事件中暴露了自己的真實身分。於是，持國召回他們，分給他們一半國土。

般度族在分給他們的國土上建都天帝城，政績輝煌。難敵心生妒忌，又設計擲骰子賭博騙局。堅戰並不願意參加賭博，但出於禮節，還是接受了難敵的邀請。在擲骰子中，堅戰輸掉了一切財產和王國，又輸掉了四個弟弟和自己，最後輸掉了他們五兄弟的共同妻子黑公主。於是，難敵命令自己的弟弟難降將黑公主強行拽來，在賭博大廳當眾橫加羞辱。般度族五兄弟之一怖軍怒不可遏，發誓要報仇雪恨。持國預感惡兆，不得不出面干預，答應黑公主的要求，釋放般度族五兄弟。但難敵不死心，找回般度族五兄弟，要求再賭一次，講定輸者一方流放森林十二年，還要在第十三年過隱匿的生活，如被發現，就要再次流放十二年。這次賭博的結果自然又是堅戰輸掉。這樣，般度族五兄弟被迫交出國土，流亡森林十二年，並在第十三年隱姓埋名，在摩差國毗羅咤王宮廷裡充當僕役。

十三年期滿後，般度族五兄弟要求歸還失去的國土，難敵堅決不允。於是，雙方各自爭取盟友，準備戰爭。般度族獲得多門城黑天（主神毗濕奴的化身）的支持。般度族和俱盧族雙方使者來回談判。難敵一意孤行，拒絕講和。堅戰為了避免流血戰爭，作出最大讓步，提出只要歸還五個村莊就行。而難敵宣稱連針尖大的地方也不給。最後，雙方在俱盧之野開戰。

大戰進行了十八天，經過反覆的激烈較量，俱盧族全軍覆滅。眼看般度族大功告成，沒有料到俱盧族剩下的三員大將竟在夜間偷襲酣睡的般度族軍營，殺死般度族全部將士。黑天和般度族五兄弟因不在軍營而倖免。面對如此悲慘的結局，堅戰精神沮喪，但在眾人的勸說下，終於登基為王。堅戰統治了三十六年後，得知黑天逝世升天。於是，他指定般度族的唯一後裔——阿周那的孫子為王位繼承人，然後與自己的四個弟弟和黑公主一起遠行登山升天。

以上只是《摩訶婆羅多》的核心故事。這部史詩採用故事中套故事的框架式敘事結構。整部史詩處在不斷的對話中，在對話中展開故事，而大故事中可以插入中故事；中故事中可以插入小故事。這是一種開放式的敘事結構，為各種插敘敞開了方便之門。這樣，這部史詩以婆羅多族大戰為主線，插入了大量的神話、傳說、寓言、故事以及宗教、哲學、政治和倫理等內容，最終成為一部「百科全書」式的史詩。

這些插入成分幾乎占據了全書篇幅的一半。這是印度古人保存民族思想文化遺產的一種特殊方式。這也是在這部史詩的成書過程中，史詩作者們有意識地這樣做的，要讓它成為一座集大成的「文化寶庫」。因為這部史詩的開頭和結尾都宣稱：「正法、利益、愛欲和解脫，這裡有，別處有，這裡無，別處無。」（1.56.33 和 18.5.38）也就是說，這部史詩的內容囊括了人世間的一切。印度現存最古老的四部吠陀（《梨俱吠陀》、《娑摩吠陀》、《夜柔吠陀》和《阿達婆吠陀》）是吠陀時代的聖典，《摩訶婆羅多》則成為史詩時代的聖典，被奉為「第五吠陀」。

而在《摩訶婆羅多》中有關宗教哲學的插入成分中，最重要的便是《薄伽梵歌》。它屬於《摩訶婆羅多》第六篇《毗濕摩篇》（Bhīṣmaparvan）中的二十三至四十章。這是在大戰第一天，俱盧族和般度族雙方軍隊已經在俱盧之野擺開陣容。阿周那卻對這場戰爭的合法性產生懷疑，認為同族自相殘殺破壞宗族法和種姓法，罪孽深重。他憂心忡忡，放下了武器，寧可束手待斃，也不願意投身戰鬥。於是，黑天開導他，解除他心中的種種疑慮。他倆的對話構成了這篇《薄伽梵歌》。

《薄伽梵歌》共有十八章，七百頌。十八章這個數字與《摩訶婆羅多》共有十八篇和婆羅多族大戰進行了十八天，想必不是偶然的巧合，而寓有深意，即史詩作者將《薄伽梵歌》視為《摩訶婆羅多》的思想核心。「薄伽梵」（Bhagavān）是對黑天的尊稱，可以意譯為「尊者」或「世尊」。黑天是主神毗濕奴的化身，因此，《薄伽梵歌》也可譯為《神歌》。

黑天在《薄伽梵歌》中向阿周那闡明達到人生最高目的「解脫」（mokṣa）的三條道路：業瑜伽、智瑜伽和信瑜伽。「瑜伽」在古代印度是指修練身心的方法。帕坦加利（Patañjali）的《瑜伽經》（Yogasūtra）提到八種瑜伽修練方法：持戒、精進、體位、調息、攝心、凝神、靜慮和三摩地。而在《薄伽梵歌》中，黑天將瑜伽的含義擴大，泛指行動方式。「瑜伽」（yoga）一詞源自動詞詞根 yuj，意思是約束、連接或結合。這樣，黑天所謂的瑜伽，是要求行動者約束自己，與至高存在合一。

「業」（karma）是行動或行為。「業瑜伽」（karmayoga，行動瑜伽）是指以一種超然的態度履行個人的社會義務和職責，不抱有個人的欲望和利益，不計較行動的成敗得失。黑天認為行動是人類的本質。拒絕行動，恐怕連生命也難維持。停止行動，世界就會走向毀滅。縱然一切行動難免帶有缺陷，猶如火焰總是帶有煙霧，一個人也不應該摒棄生來注定的工作。行動本身不構成束縛，執著行動成果才構成束縛。因此，不懷私利，不執著行動成果，只是為履行自己的社會職責而行動，就能獲得解脫。

在印度上古時代的吠陀文獻中，「業」常常特指祭祀活動，因為婆羅門將祭祀視為最高的「業」，宣揚祭祀保證現世幸福和死後升入天國。黑天並不全然否定吠陀推崇的祭祀。他將祭祀推衍為廣義的行動，但認為遵循吠陀的教導，執著行動成果，不能獲得解脫。黑天強調每個人要履行自己的社會職責，從事行動而不執著行動成果。

在印度古代種姓制社會中，社會職責主要是指種姓職責。婆羅門掌管祭祀和文化，剎帝利掌管王權和軍事，吠舍從事農業、牧業和商業，首陀羅從事漁獵和各種僕役。種姓制度是印度古代社會等級制度或階級制度的表現形式，起源於社會分工。種姓制度是一種歷史產物，自然有其局限和弊端。但在人類進入大同社會之前，各個國家都會存在不同形式的等級制度。即使進入大同社會，也還會存在不同程度的社會分工，因為每個人不可能全知全能。這是人類的生存方式，也是不依人的主觀意志為轉移的客觀規律。按照宗教的說法，則是神的安排。

黑天要求阿周那盡到剎帝利的職責，投身戰鬥。當然，般度族和俱盧族雙方都是剎帝利，雙方投身戰鬥，都是盡到剎帝利的職責。但是，戰爭發生在一定的歷史背景中，會有合法與非法，也就是正義與非正義的區別。按照史詩本身的描寫，般度族和俱盧族這場大戰，般度族代表正義的一方。因此，黑天鼓勵阿周那說：「對於剎帝利武士，有什麼勝過合法戰鬥？」（2.31）

在黑天看來，人類社會始終處在創造、維持和毀滅的循環往復之中。戰爭也是人類存在方式中固有的。阿周那身為剎帝利，就不能逃避執掌王權和征戰討伐的社會職責。人生的最高目的是求得解脫。但解脫不是通過迴避職責，放棄行動，而是通過履行職責，從事行動。履行職責、從事行動是第一位的，行動的成敗得失是第二位的。只要盡心竭力履行自己的職責，行動和行動成果就不會成為個體靈魂的束縛，換言之，只要擺脫行動和行動成果對個體靈魂的束縛，也就達到了解脫。

要真正理解和實行業瑜伽，還必須與智瑜伽和信瑜伽結合，因為這三者是相輔相成的。「智」（jñāna）是知識或智慧。在《薄伽梵歌》中是指數論和奧義書的知識或智慧。「智瑜伽」（jñānayoga，智慧瑜伽）就是以數論和奧義書的哲學智慧指導自己的行動。

數論（Sāṃkhya）哲學認為世界有原人和原質兩種永恆的實相。原人（puruṣa）是不變的、永恆的真我，也就是靈魂。原質（prakṛti，或譯本性、自然）是原初物質。原質處於未顯化狀態，是不可見的。但原質具有善、憂和暗三種性質（traiguṇya，三性，或譯三德）。善性（sattva，或譯純質，音譯薩埵）是指輕盈、光明和喜悅的性質；憂性（rajas，或譯激質，音譯羅闍）是指激動、急躁和憂慮的性質；暗性（tamas，或譯翳質，音譯多摩）是指沉重、阻礙和遲鈍的性質。這三種性質始終處在運動之中，由此原質失去平衡，發生變化，產生覺（智）、我慢（自我意識）、心根（思想）、五知根（眼、耳、鼻、舌和身）、五作根（口、手、腳、肛門和生殖器）、五種精細成分（色、聲、香、味和觸）和五種粗大成分（地、火、水、風和空）。

黑天要求阿周那分清原人和原質。行動是原質的行動，而非原人（靈魂）的行動。原質體現人的本性。原質的三種性質始終處在運動之中。依據這三種性質組合的比例，人可以分為善性之人、憂性之人和暗性之人，行動也可以分為善性行動、憂性行動和暗性行動。這是古代印度的人性論。它既不是性善論，也不是性惡論，而是認為人性中包含有這三性。每個人的人格取決於這三性組合的比例。而黑天要求保持靈魂純潔，不受這三性束縛。行動出自人的本性，而為履行社會職責從事行動，不謀求私利，不執著行動成果，靈魂就能擺脫原質的束縛，達到解脫的境界。

奧義書哲學追求「梵我合一」。「梵」（Brahman）源自動詞詞根 bṛh，即展現、增長或發展，因此這詞最早含有「力量」的意思。在吠陀文獻中，這詞用作中性，指吠陀頌詩和咒語及其蘊涵的力量；用作陽性，指祭司，尤其是四種祭司中的監督者祭司（「梵祭司」）。由 Brahman 派生的 Brāhmaṇa 則是指婆羅門。

奧義書中對梵的探討，也就是對宇宙最基本和最根本力量的探討。在奧義書中，對於梵究竟是什麽，眾說紛紜。但在探討過程中逐漸趨向認為梵是絕對精神、宇宙的本體或本源。對梵的探討又與對真我（ātman，即靈魂）的探討相結合，由此得出「宇宙即我，梵即真我」的結論，也就是「梵我合一」，宇宙本體與個體靈魂同一。奧義書中的一些名言，諸如「自我是梵」、「我是梵」和「它是你」，表達的都是這個意思。

奧義書中將梵視為最高真實，而將現實世界視為幻相（māyā）的產物。幻相指至高存在的神祕創造力。幻相被等同於原質，即通過原質呈現為各種現實形式。然而，真我（個體靈魂）不同於原質。《大森林奧義書》（Bṛhadāraṇyaka Upaniṣad）中說：「（真我）不可把握，因為它不可把握。不可毀滅，因為它不可毀滅。不可接觸，因為它不可接觸。不受束縛，不受侵擾，不受傷害。」（3.9.26）真我（靈魂）永恆不滅，它只是帶著生前的善業或惡業，輪迴轉生。而如果人「沒有欲望，擺脫欲望，欲望已經滿足，真我就是欲望，他的那些生命氣息不離開。他就是梵，也走向梵」。（4.4.6）「走向梵」就是與梵合一，擺脫輪迴。

承襲奧義書的這種哲學智慧，在《薄伽梵歌》中，梵被稱為「不滅的至高存在」。（8.3）黑天多次提到的「與梵合一」（Brahmabhūta）和「梵涅槃」（Brahmanirvāṇa）都是指達到解脫境界，也就是從事行動而不執著行動成果，真我（靈魂）擺脫原質的束縛，達到平靜和至福。

「信」（bhakti）是虔誠、崇敬或虔信。「信瑜伽」（bhaktiyoga）就是虔誠地崇拜黑天，將一切行動作為對黑天的奉獻。《薄伽梵歌》是對吠陀有神論和奧義書絕對精神的綜合發展。吠陀時代的婆羅門教是多神崇拜，而在史詩時代演變成三大主神崇拜：梵天（Brahmā）司創造、毗濕奴（Viṣṇu）司維護、濕婆（Śiva）司毀滅。奧義書絕對精神（梵）的一元論思維有助於促進形成一神論。儘管印度教最終沒有形成一神論，但《薄伽梵歌》體現了這種努力。

黑天是主神毗濕奴的化身。他自稱是「至高原人」，「超越可滅者，也高於不滅者」。（15.18）「至高原人」也就是至高的真我（靈魂）或至高的絕對精神。由此，阿周那也稱黑天為「至高的梵」。（10.12）「可滅者」是指原質，「不滅者」是指真我（個體靈魂）。黑天作為至高原人是未顯的。至高原人只是通過原質，運用瑜伽幻相（yogamāyā）呈現宇宙萬象。至高原人隱蔽在瑜伽幻相中，創造一切眾生，維持一切眾生。在世界毀滅時，一切眾生復歸至高原人的原質，等到世界再創造時，至高原人又釋放出一切眾生。這樣，黑天（毗濕奴）成了宇宙的至高存在、至高之神，世界的創造者、維護者和毀滅者。

黑天要求阿周那一心一意崇拜他。崇拜黑天不需要採取吠陀時代婆羅門教煩瑣的祭祀儀式，只要獻上「一片葉，一朵花，一枚果，一掬水」，（9.26）表示虔誠的心意就行。而更重要的崇拜方式是修習瑜伽和棄絕行動成果。修習瑜伽是沉思入定，把思想凝聚於黑天，以黑天為最高目的。棄絕行動成果是從事行動而不執著行動成果，把一切行動作為祭品獻給黑天。創造、維持和毀滅是世界的存在方式，是神的安排。生而為人，就必須履行自己的社會職責，作為對神的奉獻。黑天認為只要這樣做，甚至出身卑微的吠舍和首陀羅也能達到至高歸宿，與至高存在同一。

《薄伽梵歌》中倡導的黑天崇拜開創了中古印度教的虔信運動。而這部宗教哲學詩吸收和改造吠陀的有神論和祭祀論，融合數論哲學的原人和原質二元論以及奧義書哲學的梵我合一論，又採取瑰麗奇異的文學表現手法，在中古時代得到迅速普及。歷代印度哲學家經常把它從《摩訶婆羅多》中抽出來，作為一部獨立的經典進行注解和闡釋。在蘇克坦卡爾（V.S.Sukthankar, 1887-1943）主編的《摩訶婆羅多》現代精校本的校勘說明中，列出的《薄伽梵歌》古代注本就有近二十種。

《薄伽梵歌》的這些注釋家並非都是毗濕奴教派哲學家，也有吠檀多派哲學家和濕婆教派哲學家。因為各派哲學家都無法忽視《薄伽梵歌》的巨大影響。而《薄伽梵歌》本身也對各派宗教哲學思想具有包容性，容易讓注釋家按照自己的宗教哲學觀點加以引申發揮。現存最早的《薄伽梵歌注疏》（Gītābhāṣya）的作者便是吠檀多哲學大師商羯羅（Śaṅkara，八、九世紀）。他本人並不接受毗濕奴教，而是以吠檀多不二論觀點闡釋《薄伽梵歌》。經過他的闡釋後，《薄伽梵歌》與奧義書和《梵經》並列為吠檀多哲學的三大原典（prasthānatraya）。

《薄伽梵歌》作為《摩訶婆羅多》的組成部分，也與《摩訶婆羅多》一樣，有個逐漸定型的過程。在《摩訶婆羅多》的《毗濕摩篇》的校勘記中，注出有的抄本對《薄伽梵歌》的篇幅有這樣的描述：「黑天說了六百二十頌，阿周那說了五十七頌，全勝說了六十七頌，持國說了一頌。」這樣，總共有七百四十五頌。而商羯羅的《薄伽梵歌注疏》將《薄伽梵歌》釐定為七百頌。此後的抄本或注本都以此為據。即使在有些文本中，會多出若干頌，但總體差異，尤其是這七百頌的文本差異並不大。

在近代和現代，《薄伽梵歌》依然對印度社會思想產生深刻影響。羅姆．摩罕．羅易（Ram

Mohan Roy）、維韋卡南達（Svāmi Vivekānanda）、提拉克（Bal Gangadhar Tilak）、甘地、奧羅賓多（Sri Aurobindo Ghose）和拉達克利希南（Sarvepalli Radhakrishnan）等等，這些印度思想家都曾利用《薄伽梵歌》闡釋自己的哲學和政治思想。尤其是在印度爭取民族獨立運動的背景中，提拉克強調以智慧為根本和以虔信為支柱的行動瑜伽；甘地強調堅持真理，無私行動。誠如恰托巴底亞耶（Chattopadhyaya）在他的《印度哲學》一書中所說：「那時候一個愛國者只要手持一冊《薄伽梵歌》，就能步伐堅定地走上絞刑架。」*

《薄伽梵歌》至今仍是印度最流行的一部宗教哲學經典，幾乎每年都有新的譯本和注本出現。因此，《薄伽梵歌》在世界上常被喻稱為印度的《聖經》（Bible）。

《摩訶婆羅多》中最早被翻譯成英文的也是這部宗教哲學詩，即英國查爾斯・威爾金斯（Charles Wilkins）於一七八五年翻譯出版的《薄伽梵歌》。當時，德國語言學家威廉・洪堡（William von Humboldt）無比推崇《薄伽梵歌》，說：「《摩訶婆羅多》的這個插話是最美的，或許也是我們所知的一切文學中唯一真正的哲學詩。」又說：「它也許是這個世界宣示的最深刻和最崇高的東西。」此後，《薄伽梵歌》相繼譯成多種西方語言，在西方思想和文學界產生了深遠影響。伊雪伍德（C. Isherwood）也與普拉跋伐南陀（S. Prabhavananda）合譯《薄伽梵歌》。艾略特（T.S. Eliot）曾說《薄伽梵歌》「是僅次於但丁《神曲》的最偉大的哲學詩」。赫胥黎（A. Huxley）也說「《薄伽梵歌》是永恆哲學最清晰、最全面的總結之一」，「或許也是永恆哲學最系統的精神表述」。**

可見，《薄伽梵歌》具有一種超越時空的思想魅力。我們今天閱讀《薄伽梵歌》，可以不必拘泥於它的哲學唯心主義和宗教有神論。我們可以將宗教和神話讀作隱喻。黑天作為「至高原人」或「至高的梵」代表宇宙精神（即內在法則），而「至高原人」的「原質」代表宇宙萬象。宇宙包括自然和社會。人是宇宙的一份子。人要存在，就要從事行動。行動受「真我」（精神或思想）指導，而必須符合客觀法則，這便是「梵我合一」。業瑜伽、智瑜伽和信瑜伽代表實踐、認識和信仰，屬於人類普遍的生存方式。認識世界，尊重客觀法則，無私無畏履行職責，從事行動、奉獻社會，就能圓滿實現人生，達到「天人合一」的崇高境界。

本書譯文依據印度班達卡爾東方研究所出版的《摩訶婆羅多》精校本中貝爾沃卡爾（S.K. Belvalkar）校訂的《毗濕摩篇》（Bhīṣmaparvan，Bhandarkar Oriental Research Institute, Poona,

1947），《薄伽梵歌》是其中的第二十三至第四十章。我對譯文的注釋參考了多種論著，尤其是拉達克利希南（S. Radhakrishnan, The Bhagavadgītā with an Introductory Essay, Sanskrit Text, English Translation and Notes, New Delhi, 1948）、查赫納（R.C. Zaehner，The Bhagavadgītā with a commentary based on the original sources, Oxford, 1969），以及邁納（R.C. Minor, Bhagavadgītā: An Exegetical Commentary, New Delhi, 1982）這三位現代學者對《薄伽梵歌》的注釋。

*恰托巴底亞耶：《印度哲學》第五頁，商務印書館，一九八〇。

**參閱韋爾摩（C.D. Verma）編《世界文學中的〈薄伽梵歌〉》（The Gita in World Literature），一二一、一六一頁，新德里，一九九〇。

第一章

阿周那憂慮瑜伽

Arjunaviṣādayoga

本章提供黑天和阿周那對話的背景。大戰在即，阿周那對投身這場戰爭是否符合正法產生懷疑，憂心忡忡，放下了武器。

注：《薄伽梵歌》的許多抄本，每章篇末署有章名。鑒於這些章名是晚出的，而且互相不盡一致，《摩訶婆羅多》精校本沒有將它們列入正文，而是收入校注中。本書每章選用一個比較通行的章名，並對該章內容作出扼要概括，供參考。

持國說

正法之田，俱盧之野，
我們和般度族雙方，
結集軍隊，渴望戰鬥，
全勝啊！情況怎樣？——[1]

全勝說

看到般度族軍隊已經排定陣容，
難敵王走近老師，對他這樣說道：——[2]

---

1 俱盧族和般度族是婆羅多族的兩支後裔。持國（Dhṛtarāṣṭra）是俱盧族國王，天生目盲。大戰開始時，仙人毗耶娑（Vyāsa）要賜給他天眼，讓他看到這場大戰。但他寧可保持目盲，不願目睹親族互相殘殺。於是，毗耶娑賜給持國的禦者全勝（Sañjaya）天眼，讓他看到戰場上發生的一切，甚至看到人們心中的想法，每天向持國匯報。

「正法」（dharma，音譯達摩）意為規律、法則、正義或職責。在這頌中，「俱盧之野」實指戰場，「正法之田」則喻指這裡進行著一場事關正法的大戰。

2 難敵（Duryodhana）是持國的長子。老師指德羅納（Droṇa），俱盧族軍隊的大將。在大戰之前，俱盧族和般度族雙方的王子都曾拜德羅納為師，隨他習武。

「請看木柱之子猛光，那是你聰明的學生，
已經為般度族大軍排定陣容，老師啊！——3

「大弓箭手們英勇善戰，像怖軍和阿周那一樣，
其中有善戰和毗羅吒，還有大勇士木柱王，——4

「勇旗王和顯光王子，英勇非凡的迦尸王，
補盧者和貢提波闍，人中雄牛尸毗王，——5

---

3 木柱（Drupata）是般遮羅國國王，般度族五兄弟的岳父。在這場大戰中，他是般度族軍隊的大將。他的兒子猛光（Dhṛṣṭadyumna）是般度族軍隊的統帥。

4 怖軍（Bhīmasena）和阿周那（Arjuna）是般度（Pāṇḍu）和貢蒂（Kuntī）的二兒子和三兒子。善戰（Yuyudhāna）即薩諦奇（Sātyaki），是雅度族勇士。毗羅吒（Virāṭa）是摩差國國王。

5 勇旗（Dhṛṣṭaketu）是車底國國王。顯光（Cekitāna）是竭迦夜國王子。貢提波闍（Kuntibhoja）是貢蒂的養父。補盧者（Purujit）和貢提波闍是兄弟。

「勇敢的瑜達摩尼瑜、優多貿闍和激昂，
德羅波蒂的兒子們，他們全都是大英雄。——6

「你要知道在我軍中，也有許多著名將領，
最優秀的再生族啊！聽我通報他們姓名。——7

「你、毗濕摩和迦爾納，百戰百勝的慈憫，
馬嘶和毗迦爾納，月授王的兒子廣聲。——8

---

6 瑜達摩尼瑜（Yudhamanyu）和優多貿闍（Uttamauja）是般度族軍隊的大將。激昂（Abhimanyu）是阿周那和妙賢（Subhadrā）的兒子。德羅波蒂（Draupatī，木柱王之女）又名黑公主，是般度族五兄弟共同的妻子，共生下五個兒子。

●

7 「再生族」指婆羅門、剎帝利、吠舍和首陀羅四種種姓的前三種種姓。這三種種姓成員年屆學齡，要舉行聖線禮，由老師授予聖線，意味著獲得第二次生命。德羅納是婆羅門出身，因此，難敵稱他為最優秀的再生族。

●

8 毗濕摩（Bhīṣma）是俱盧族和般度族雙方的伯祖、俱盧族軍隊的統帥。迦爾納（Karṇa）是貢蒂婚前的私生子，由一位車夫收養，武藝高強。由於他的身分是「車夫之子」，在一次比武大會上

「還有許多英雄，為我奮不顧身，
手持各種武器，個個精通戰爭。——9

「我們受毗濕摩保護，軍隊的力量無限；
他們受怖軍保護，軍隊的力量有限。——10

「大家按照分工，站好各自的位置，
在軍隊的挺進中，注意保護毗濕摩！」——11

遭到般度族羞辱，而難敵乘機拉攏他，封他為盎伽王。從此，他成為難敵的忠實朋友，俱盧族軍隊中的一員大將。慈憫（Kṛpa）是德羅納的內兄弟。馬嘶（Aśvatthāman）是德羅納的兒子。毗迦爾納（Vikarṇa）是持國的三兒子。月授（Somadatta）是波力迦國國王。

•

10

「無限」，按梵文原詞 aparyāpta，也可讀作不足；「有限」，按梵文原詞 paryāpta，也可讀作充足。這樣，按前一種讀法，表示難敵充滿自信，因為俱盧族有十一支大軍，而般度族只有七支大軍；按後一種讀法，則表示雖然軍隊數量占優勢，難敵仍缺乏信心。

為了讓難敵高興，俱盧族的老祖父，
高聲發出獅子吼，雄赳赳吹響螺號。——12

頃刻之間軍隊中，眾多螺號和喇叭，
銅鼓、大鼓和小鼓，一齊鳴響鬧嚷嚷。——13

隨即黑天和阿周那，他倆站在大戰車上，
車前駕著白色駿馬，也把神聖螺號吹響。——14

---

12 俱盧族的老祖父即毗濕摩。

14 黑天（Kṛṣṇa，音譯克里希納，詞義是黑色或黝黑）是印度教三相神之一的主神毗濕奴（Viṣṇu）的化身。將 Kṛṣṇa 譯為黑天，意謂黝黑的神。黑天和阿周那都有許多稱號。在這頌中，黑天被稱為「摩豆後裔」（Mādhava），阿周那被稱為「般度之子」（Pāṇḍava）。史詩中的人物稱號有兩種作用：一是具有一定的修飾意義，表明人物的出身、性格或形貌特徵；二是由於各種稱號音節不等或音節的長短音組合不同，可以按照詩律需要隨意選用。為求譯文簡明，本書對於用稱號指稱的人物，在一般情況下，不譯稱號，而直譯其名。

黑天吹響五生螺號，阿周那吹響天授螺號，
怖軍以行為恐怖著稱，吹響崩多羅大螺號。——15

貢蒂之子堅戰王，也吹響了永勝螺號，
無種吹響妙聲螺號，偕天吹響珠花螺號。——16

無上弓箭手迦尸王，還有束髮大勇士，
猛光和毗羅吒王，不可戰勝的薩諦奇，——17

---

15 五生（Pañcaja）是一個生活在貝螺中的阿修羅的名字。黑天殺死這個阿修羅，獲得他藏身的貝螺，用作螺號，故名五生螺號。阿周那的螺號是天神因陀羅賜給他的，故名天授螺號。在這頌中，用作怖軍名字的稱號是「狼腹」（Vṛkodara），因為他飯量大、脾氣暴。他的螺號出自崩多羅族。

•

16 堅戰（Yudhiṣṭhira）是般度和貢蒂的長子。無種（Nakula）和偕天（Sahadeva）是般度和瑪德利（Mādrī）所生的一對孿生子。堅戰、怖軍、阿周那、無種和偕天，合稱般度族五兄弟（般度五子）。

•

17 束髮（Śikhaṇḍin）是木柱王的兒子，原先是女子，後來轉變為男子，以殺死毗濕摩為己任，因為毗濕摩曾在他的前生得罪當時是女子的她。

木柱王和大臂激昂，德羅波蒂的兒子們，
國王啊！他們在各處，吹響各自的螺號。——18

螺號聲激越高亢，響徹大地和天空，
螺號聲彷彿撕裂持國百子的心。——19

看到持國的百子擺開陣勢，準備交鋒，
阿周那也舉起了弓，他以猿猴為旗徽。——20

大地之主啊！阿周那對感官之主黑天說道：
「永不退卻者！駕馭戰車，請把它停在兩軍之間。——21

---

21 黑天的稱號「感官之主」意謂感官的控制者。黑天在這場大戰中，按照事先對阿周那和難敵的約定，只是作為阿周那戰車的禦者，而不直接投入戰鬥。

「讓我看到各就各位、渴望戰鬥的人們；
這場戰爭就要開始，我要與哪些人交戰？——22

「我看到這些將士，集合在這裡準備戰鬥；
他們渴望在戰鬥中，討好心術不正的難敵。」——23

聽了阿周那的話，婆羅多子孫啊！
黑天把戰車停在雙方軍隊中間。——24

面對毗濕摩、德羅納和其他國王，他說道：
「普利塔之子啊！請看聚集在這裡的俱盧人。」——25

---

23 阿周那指稱難敵「心術不正」，因為難敵為了獨霸婆羅多國王位，長期以來，千方百計謀害般度族五兄弟。

24 「婆羅多子孫」是全勝對持國的稱呼。俱盧族和般度族都是婆羅多子孫後裔。

25 普利塔（Pṛthā）是貢蒂的另一名字。

在這裡，阿周那看到父輩、祖輩和老師，
舅父、兒子和孫子，還有兄弟們和同伴。——26

阿周那還看到岳父們和朋友們，
他的所有親族都站在兩軍之中。——27

他滿懷憐憫之情，憂心忡忡地說道：
「黑天啊！看到自己人，聚集在這裡渴望戰鬥，——28

「我四肢發沉，也口乾舌燥了；
我渾身顫抖，汗毛全豎起。——29

「神弓從手中脫落，周身皮膚直發燒，
我的腳跟站不穩，腦子彷彿在旋轉。——30

「黑天啊！我看到不祥之兆，我不明白，
打仗殺死自己人，能夠得到什麼好處？——31

「黑天啊！我不渴望勝利，不渴望王國和幸福。
王國對我們有什麼用？生命和享受有什麼用？——32

「我們正是為了這些人，追求王國、享受和幸福，
然而，他們卻拋棄財富，奮不顧身，參加戰鬥。——33

---

30 阿周那的神弓名為甘狄撥（Gāṇḍīva），原本由梵天創造，後經眾天神輾轉使用。最後，應火神請求，伐樓那神把這張神弓賜給阿周那。

「老師、父親和祖父，兒子、孫子和舅父，
堂房兄弟和岳父，還有其他的親族。——34

「黑天啊！即使我被殺，即使能獲得三界王權，
我也不願意殺死他們，何況為了地上的王國？——35

「殺死持國百子，我們會有什麼快樂？
殺死了這些罪人，我們也犯下了罪惡。——36

「不能殺死持國的兒子們及其親友，
因為殺死自己人，我們怎麼會幸福？——37

35
「三界」指天神居住的天國世界、凡人居住的地上世界和魔或半神居住的地下世界，或指天上世界、空中世界和地上世界。

「如果這些人利令智昏，已經被貪婪迷住心竅，
不把毀滅家族視為罪，不把謀害朋友視為惡，——38

「而我們完全明白，毀滅家族罪孽深重，
那麼為什麼不懂得要迴避這種罪過？——39

「如果家族遭到毀滅，傳承的宗法也毀滅；
而宗族之法一旦毀滅，整個家族就陷入非法。——40

「一旦非法猖獗，族中婦女墮落；
一旦婦女墮落，種姓也就混亂。——41

---

41 種姓制度強調同種姓通婚，以保持種姓純潔。印度古代社會主要有四種種姓：婆羅門（Brāhmaṇa）掌管祭祀和文化；剎帝利（Kṣatriya）掌管王政和軍事；吠舍（Vaiśya）從事商業或農業；首陀羅（Śūdra）從事農牧漁獵和各種僕役。

「種姓混亂導致家族和毀滅家族者墮入地獄；
祖先失去供品飯和水，跟著遭殃，紛紛墜落。——42

「製造種姓混亂，犯有毀滅家族罪；
他們破壞種姓法，毀棄永恆的宗法。——43

「我們已經聽說，折磨敵人者啊！
毀棄宗法的人，注定落入地獄。——44

「由於貪圖王國，貪圖幸福，天哪！
我們決心犯大罪，準備殺害自己人。——45

42 地獄（naraka）是罪人死後接受懲罰的地方。婆羅門教《摩奴法論》（4.87-90）列出了二十一種地獄。

「我寧可手無寸鐵，在戰鬥中不抵抗，
讓持國的兒子們，手持武器殺死我。」——46

阿周那在戰場上，說完這些心憂傷，
放下手中弓和箭，跌坐自己車座上。——47

以上是吉祥的《摩訶婆羅多》中
《毗濕摩篇》第二十三章（23）

第二章

數論瑜伽

Sāṅkhyayoga

黑天以靈魂不滅說和剎帝利的職責消除阿周那的疑慮，勉勵他投身戰鬥。接著，黑天向阿周那宣講數論瑜伽，也就是要在智慧瑜伽指導下，從事行動。

全勝說

阿周那滿懷憐憫，眼中飽含淚水；
看到他精神沮喪，黑天這樣說道：——1

吉祥薄伽梵說

阿周那啊！你怎麼在這危急關頭，萎靡不振？
這為高貴者所忌諱，不能進入天國享殊榮。——2

---

2 「薄伽梵」（Bhagavān）是對黑天的尊稱，意謂尊者或世尊。唐玄奘提出的翻譯理論「五種不翻」（指在將梵文譯成漢文時，遇五種情形不進行意譯，而是採音譯方式保留原音），其中就包括「薄伽梵」這類詞語。

阿周那啊！不要怯懦，那樣與你不相稱，
拋棄委瑣的軟心腸，站起來，折磨敵人者！——3

阿周那說

殺敵者啊！在戰鬥中，我怎麼能用箭射擊
這兩位可尊敬的人，毗濕摩和德羅納？——4

即使在世間乞食謀生，
也強似殺害尊貴的老師；
即使殺害貪財的老師，
我的享受也會沾上鮮血。——5

我們勝利或者他們勝利，
我不知道哪個更重要；
殺死面前這些持國子，
我們也不會願意再活。——6

我受到心軟的弱點傷害，
思想為正法困惑，請開導！
我是你的學生，求你庇護，
明確告訴我該如何是好？——7

即使獲得無比富饒的王國，
甚至獲得天國世界的王權，
我也實在看不出，有什麼
能解除我燒灼感官的憂煩？——8

全勝說

阿周那對感官之主黑天，說完這些話，
說道：「我不參戰。」然後，他保持沉默。——9

阿周那精神沮喪，站在雙方軍隊之間，
婆羅多子孫啊！黑天彷彿笑著說道：——10

吉祥薄伽梵說：

你說著理智的話，為不必憂傷者憂傷；
無論死去或活著，智者都不為之憂傷。——11

我、你和這些國王，過去無時不存在，
我們大家死去後，仍將無時不存在。——12

正如靈魂在這個身體裡，經歷童年、壯年和老年，
進入另一個身體也這樣，智者們不會為此困惑。——13

---

11 阿周那的憂傷出自對正法的考慮，所以他說的是「理智的話」。但黑天認為他是「為不必憂傷者憂傷」。有些抄本在這頌後面增加有一頌：

看到親族進入死神之口，
你內心受到人情侵襲，
已被憂慮和困惑壓倒，
滿懷憐憫，失去意識。

13 這頌中，靈魂的梵文原詞為 dehin，即「有身」。「有身」泛指有身體的人，特指有身體的靈魂。

但是，接觸物質對象，冷熱苦樂，來去無常，
婆羅多子孫阿周那啊！但願你能忍受它們。──14

智者對痛苦和快樂，一視同仁，通向永恆；
人中雄牛啊！這些東西不會引起他們煩擾。──15

沒有不存在的存在，也沒有存在的不存在，
那些洞悉真諦的人，早已察覺兩者的根底。──16

---

16 印度自吠陀時代起，就有關於「存在」(sat) 和「不存在」(asat) 的思考：一種觀點認為世界產生於「不存在」；另一種觀點認為世界產生於「存在」。這裡的觀點與《歌者奧義書》(Chāndogya Upaniṣad, 6.2.1-2) 一致：「最初只有存在，獨一無二。而有些人說，最初只有不存在，獨一無二，從不存在產生存在。這怎麼可能呢？最初確實只有存在，獨一無二。」這段話中所說的「獨一無二」的「存在」是指「真我」(ātman，真正的自我，也即「靈魂」)，也就是梵。

這遍滿一切者，你要知道它不可毀滅；
不可毀滅者，任何人都不能毀滅。——17

身體有限，靈魂無限，婆羅多子孫阿周那啊！
靈魂永恆，不可毀滅，因此，你就戰鬥吧！——18

倘若認為它是殺者，或認為它是被殺者，
兩者皆是無明，它既不殺，也不被殺。——19

---

19 這頌與《伽陀奧義書》（Katha Upaniṣad, 1.2.19）相似：

如果殺者認為殺它，
被殺者認為它被殺，
兩者皆是無明，
它既不殺，也不被殺。

它從不生下，也從不死去，
也非過去存在，今後不存在，
它不生，永恆，持久，原初，
身體死時，它也不死。——20

如果知道，它不滅，永恆，不生，不變，
這樣的人怎麼可能殺什麼或教人殺什麼？——21

正如拋棄一些破衣裳，換上另一些新衣裳，
靈魂拋棄死亡的身體，進入另外新生的身體。——22

---

20 這頌與《伽陀奧義書》（1.2.18）相似：

這位智者不生，也不死，
不來自哪裡，不變成什麼，
不生，永恆，持久，原初
身體死時，他也不死。

這裡所說的「這位智者」指「真我」（「靈魂」）。

刀劈不開它，火燒不著它，
水澆不濕它，風吹不乾它。——23

劈它不開，燒它不著，澆它不濕，吹它不乾，
永恆，穩固，不動，無處不在，永遠如此。——24

它被說成不可顯現，不可思議，不可變異；
既然知道它是這樣，你就不必為它憂傷。——25

即使你仍然認為它常生或者常死，
那麼，你也不應該為它憂傷，大臂者！——26

生者必定死去，死者必定再生，
對不可避免的事，你不應該憂傷。——27

萬物開始不顯現，中間階段顯現，
到末了又不顯現，何必為之憂傷？——28

有人看它如同奇蹟，有人說它如同奇蹟，
有人聽它如同奇蹟，而聽了也無人理解。——29

居於一切身體內，靈魂永遠不死，
因此，你不應該為一切眾生憂傷。——30

---

29 這頌與《伽陀奧義書》（1.2.7）相似：

許多人甚至不能聽到他，
而即使聽到，也不知道他；
聽到而善於說出者是奇蹟，
知道而善於教誨者是奇蹟。

30 以上11-30，黑天以靈魂不滅勸慰阿周那不必為之憂傷。

即使考慮自己的正法，你也不應該猶疑動搖，
因為對於剎帝利武士，有什麼勝過合法戰鬥？——31

有福的剎帝利武士，才能參加這樣的戰爭，
阿周那啊！彷彿驀然走近敞開的天國大門。——32

這場合法的戰鬥，如果你不投身其中，
拋棄了職責和名譽，你就會犯下罪過。——33

你將在眾生之口，永遠留下壞名聲；
對於受尊敬的人，壞名聲不如死亡。——34

31 阿周那屬於剎帝利種姓，因此，這裡所謂「自己的正法」指剎帝利的正法或職責。

勇士們會這樣想，你膽怯，逃避戰鬥；
他們過去尊重你，今後就會蔑視你。——35

敵人也會因此嘲諷你，說許多無謂的話；
他們貶損你的能力，有什麼比這更痛苦？——36

或者戰死升入天國，或者戰勝享受大地，
阿周那啊！站起來，下定決心，投入戰鬥！——37

苦樂、得失和成敗，對它們一視同仁；
你就投入戰鬥吧！這樣才不犯罪過。——38

---

38 以上31-38，黑天以剎帝利武士的職責勉勵阿周那投入戰鬥。

以上講了數論智慧，現在請聽瑜伽智慧，
掌握了這種智慧，你將擺脫行動的束縛。——39

39 這裡所說的數論（Sāṅkhya）不同於後來的古典數論哲學體系，可以稱作史詩數論或早期數論。它使用的一些術語與古典數論相同，但不像古典數論那麼有系統，在一些基本觀念上也有差異。古典數論認為有兩種永恆的實相。一種是不變的、永恆的真我。有多種多樣的真我，每一種真我都是獨立的實體，即原人（puruṣa），也就是精神；另一種永恆的實相是原質（prakṛti，即原初物質）。原質處於未顯現狀態，但它具有善性、憂性和暗性三種性質（三性、或說三德）。這三種性質出現不平衡，原質發生變化，首先生出覺，然後依次出現我慢、心根、五知根、五作根、五種精細成分和五種粗大成分。因此，原質是運動的，而原人是不運動的。痛苦產生於混淆這兩者，解脫產生於分清這兩者，也就是認識到真正的自我擺脫一切行動，從而擺脫一切痛苦。
而在《薄伽梵歌》中，只是主張擺脫行動的成果，而不主張擺脫一切行動。此

這裡沒有障礙，努力不會落空，
只要稍有正法，就能無所畏懼。——40

外，在《薄伽梵歌》中，不僅承認個別的真我（靈魂），還承認至高的原人、至高的神（自在者）和人格化的至高之神黑天（主神毗濕奴的化身），這也是與古典數論的不同之處。

這裡所說的瑜伽（yoga）也不同於一般的瑜伽。通常，瑜伽是指修練身心的方法。帕坦伽利（Patañjali）的《瑜伽經》（Yogasūtra）中提到八種瑜伽修練方法（八支）：持戒、精進、體位、調息、攝心、凝神、靜慮和三摩地。瑜伽的詞義是連結、運用和約束。在《薄伽梵歌》中，它泛指行動方式，其中也包括修練身心的方法。它分為行動瑜伽（Karmayoga）、智慧瑜伽（Jñānayoga）和虔信瑜伽（Bhaktiyoga），或稱業瑜伽、智瑜伽和信瑜伽。整部《薄伽梵歌》討論的就是這三種瑜伽，即應該怎樣行動的問題。上述所謂數論，也屬於智慧瑜伽。

堅決的智慧單純如一，俱盧子孫阿周那啊！
枝枝杈杈，漫無邊際，那是不堅決的智慧。——41

阿周那啊！無知的人說些花哨漂亮的話，
他們熱衷談論吠陀，宣稱沒有別的存在。——42

充滿欲望，一心升天，舉行各種特殊儀式，
宣稱再生的業果，求得享受和權力。——43

貪圖享受和權力，思想由此迷失，
哪怕智慧堅決，也無法進入三摩地。——44

---

41 俱盧（Kuru）是俱盧族和般度族的共同祖先。

42 吠陀（Veda）是印度最古老的頌詩集，婆羅門教的經典，共有四部：《梨俱吠陀》、《娑摩吠陀》、《夜柔吠陀》和《阿達婆吠陀》。在《薄伽梵歌》中提到的吠陀，是指前三種吠陀。《薄伽梵歌》並不否定或摒棄吠陀，只是認為遵循吠陀不能獲得解脫。

43 吠陀崇奉祭祀，認為只要舉行祭祀儀式，供奉崇拜天神，就能獲得現世幸福，死後升入天國。

44 「三摩地」（samādhi）是入定、心念完全寂滅。

吠陀的話題局限於三性，
你要超脫三性和二元對立，
超脫保業守成，把握真我，
阿周那啊！永遠保持真性。——45

所有的吠陀經典對於睿智的婆羅門，
其意義只不過是水鄉的一方池塘。——46

你的職責就是行動，永遠不必考慮結果；
不要為結果而行動，也不固執地不行動。——47

---

45 「三性」（traiguṇya，或譯三德），是原質（原初物質、事物本性）的三種性質：善性（sattva，或譯純質）、憂性（rajas，或譯激質）和暗性（tamas，或譯翳質）。善性表示輕盈、光明和喜悅的性質；憂性表示激動、急躁和憂慮的性質；暗性表示沉重、阻礙和遲鈍的性質。對立是由原質引起事物的矛盾、衝突和對立，從而引起人的好惡愛憎。「保業守成」是指獲得和占有。這些都形成對自我的束縛，因此，要超脫這些，把握住真我。「真性」（sattva）按梵文原文與上述「善性」相同。既然要超脫三性，故而這裡譯作「真性」。真我（ātman）也可譯作靈魂。在本書中，ātman 作為第一人稱反身代詞，譯作自己；作為靈魂，譯作真我。

46 「水鄉」，若按梵文原文直譯是「周圍到處有水流」。

阿周那啊！摒棄執著，對於成敗，一視同仁；
你立足瑜伽，行動吧！瑜伽就是一視同仁。——48

阿周那啊！比起智慧瑜伽，行動遠為低下，
為結果而行動可悲，向智慧尋求庇護吧！——49

具備這種智慧的人，擺脫善行和惡行，
因此，你要修習瑜伽，瑜伽是行動的技巧。——50

智者具備這種智慧，摒棄行動的結果，
擺脫再生的束縛，達到無病的境界。——51

51

「無病的境界」也就是獲得解脫。

一旦智慧克服愚癡，對於已經聽說的，
對於仍會聽說的，你就會漠然置之。——52

如果你的智慧，受到所聞迷惑，
仍能專注入定，你將達到瑜伽。——53

阿周那說

智慧堅決，專注入定，怎樣描述這類智者？
黑天啊！他們怎樣說？怎樣坐？又怎樣行？——54

53 「所聞」（śruti）指吠陀經典。

吉祥薄伽梵說

摒棄心中一切欲望，唯有自我滿意自我，
普利塔之子阿周那啊！這是智慧堅定的人。——55

遇見痛苦，他不煩惱，遇見快樂，他不貪圖，
擺脫激情、恐懼和憤怒，這是智慧堅定的牟尼。——56

他不貪戀任何東西，無論面對是善是惡，
既不喜歡，也不憎恨，他的智慧堅定不移。——57

56 牟尼（muni）是對聖人和賢士的尊稱。

他的所有感覺器官，擺脫一切感覺對象，
猶如烏龜縮進全身，他的智慧堅定不移。——58

除味之外的感覺對象，都已經遠離戒食之人，
一旦遇見最高存在，連這味也遠遠離去。——59

即使聰明而又勤勉，怎奈感官激動魯莽，
強行奪走他的理智，貢蒂之子阿周那啊！——60

用瑜伽控制一切，坐下專心念憶我；
所有感官受到控制，他的智慧堅定不移。——61

---

58 感覺器官（indriya，簡稱感官）主要是眼、耳、鼻、舌和身，相應的感覺對象是色、聲、香、味和觸。

59 這是以戒食的人依然留戀食物的味道為例，說明一旦認識到最高存在，不僅摒棄了感覺對象，也摒棄對感覺對象的留戀。

61 「念憶我」是指思及黑天、以黑天為最高存在。

如果念憶感官對象，也就會產生執著，
從執著產生欲望，從欲望產生憤怒。——62

然後由憤怒產生愚癡，由愚癡而記憶混亂，
記憶混亂則智慧毀滅，智慧毀滅則人也毀滅。——63

而那些控制自己的人，活動在感官對象中，
感官受到自我控制，擺脫愛憎，達到清淨。——64

達到清淨的人，脫離一切痛苦；
心靈達到清淨，智慧迅速穩定。——65

---

64 縱然感官活動在感官對象中，但本人不執著感官對象，也就擺脫愛憎，達到清淨。

不能夠約束自己的人，
沒有智慧，也沒有定力，
沒有定力則沒有平靜，
沒有平靜，何來幸福？——66

感官游移不定，思想圍著它們轉，
就會剝奪智慧，猶如大風吹走船。——67

因此，大臂阿周那啊！
誰能讓自己的感官，
擺脫感官對象束縛，
他的智慧堅定不移。——68

芸芸眾生之夜，自制之人覺醒；
芸芸眾生覺醒，有識之士之夜。——69

欲望進入他，
猶如江河流入滿而不動的大海，
他能達到這樣的平靜，
而貪欲之人無法達到。——70

摒棄一切欲望，擺脫一切貪戀，
不自私，不自傲，他就達到平靜。——71

---

69 有識之士控制感官，芸芸眾生放縱感官，因此，如同黑夜和白天、覺醒和沉睡，互相看法截然不同。

這也就是梵之所在，
達到它，就不愚癡；
阿周那啊！立足其中，
死去能夠達到梵涅槃。——72

以上是吉祥的《摩訶婆羅多》中
《毗濕摩篇》第二十四章（24）

---

72 梵（Brahman）是世界的本源，永恆不滅的至高存在。涅槃（nirvāṇa）原是佛教用詞，指擺脫生死輪迴。巴利語佛典《法句經》（Dammapada）中說道：

健康是最好的收益，
知足是最大的財富，
信賴是最親的親人，
涅槃是最高的幸福。

《薄伽梵歌》中借用「涅槃」這個詞，與「梵」組成複合詞「梵涅槃」（Brahmanirvāṇa），指達到至高的平靜和幸福，獲得解脫，與梵合一。參閱第五章 24-26。

第三章

行動瑜伽

Karmayoga

黑天向阿周那指明世界的維持和人的生存都離不開行動；教導阿周那要摒棄自私，滅除欲望，專注自我，履行自己的社會職責，從事行動而不執著成果，把行動作爲對至高存在的奉獻。

阿周那說

黑天啊！既然你認為，智慧比行動更重要，
那你為什麼要我從事可怕的行動？——1

彷彿用複雜的話，攪亂了我的智慧；
請你明確告訴我，該走哪條路才對？——2

吉祥薄伽梵說

我早就說過，在這世上，
有兩種立足的方法，
數論行者的智慧瑜伽，
瑜伽行者的行動瑜伽。——3

即使不參與行動，並不能擺脫行動，
即使棄絕一切，也不能獲得成功。——4

因為世上無論哪個人，
甚至沒有一剎那不行動，
由於原質產生的性質，
所有的人都不得不行動。——5

控制了那些行動器官，心中仍留戀感官對象，
這種思想愚癡的人，他們被稱作偽善者。——6

用思想控制住感官，憑藉那些行動器官，
從事行動而不執著，這樣的人是佼佼者。——7

---

5 原質（即原初物質）含有善性、憂性和暗性。這三性始終處在運動中。

6 感官分為五種感覺器官（「五知根」）和五種行動器官（「五作根」）。前者為眼、耳、鼻、舌和身，後者為口、手、腳、肛門和生殖器。偽善者勉強控制行動器官，不從事行動，但心中留戀感官對象。

7 佼佼者從事行動，但不迷戀感官對象，不執著行動成果。

從事必要的行動吧！行動總比不行動好；
如果你拒絕行動，恐怕生命都將難維持。——8

除了為祭祀而行動，整個世界受行動束縛；
擺脫執著，阿周那啊！你就為祭祀而行動吧！——9

在古代，生主創造眾生，同時也創造祭祀，說道：
「通過它，生育繁衍，讓它成為你們的如意牛！——10

「你們通過它撫養眾神，也就讓眾神撫養你們，
就這樣，互相撫養，你們將達到至高幸福。——11

---

9 祭祀（yajña）指崇拜和供奉天神。這裡是指崇拜黑天（即至高之神毗濕奴）。為黑天而行動，將行動作為對黑天的奉獻，不執著行動成果，就不會受行動束縛。

•

10 生主（Prajāpati）是創造主。如意牛（Kāmadhuk）是古時候天神和阿修羅一起攪乳海攪出來的珍寶之一，它能滿足人的任何願望。

「眾神受到祭祀供養，也會賜予你們享受；
誰享受賜予不回報，這樣的人無異於竊賊。」——12

吃祭祀剩下的食物，善人擺脫一切罪過；
只為自己準備食物，惡人吃下的是罪過。——13

眾生產生靠食物，食物產生靠雨水，
雨水產生靠祭祀，祭祀產生靠行動。——14

要知道行動源自梵，而梵產生於不滅，
因此，梵遍及一切，永遠存在祭祀中。——15

---

13 善人首先用食物祭祀天神，然後吃祭祀剩下的食物。

14 要舉行祭祀，自然離不開行動。在吠陀文獻中，「行動」（karma）一詞常常特指祭祀活動。

惡人不願意跟隨這樣轉動的車輪，
他們迷戀感官，徒然活在世上。——16

熱愛和滿意自我，樂在自我之中，
對於這樣的人，沒有該做之事。——17

他行動不為了什麼，不行動也不為了什麼，
他在世上對一切眾生無所依賴，無所企求。——18

你永遠無所執著，做應該做的事吧！
無所執著地行事，這樣的人達到至福。——19

---

16 以上10-15講述吠陀的祭祀，即通過祭祀獲得果報。《薄伽梵歌》提倡行動而不求果報，但也不全然否定吠陀的祭祀。這頌中指稱的惡人迷戀感官，耽於享樂而不祭祀。祭祀含有行動的意義，因此，也可以說耽於享樂而不行動的人是「不勞而獲」。

17 這樣的人擺脫對感官和感官對象的迷戀，不執著行動成果，凡事都不對他構成束縛。

像遮那迦等人那樣，通過行動，獲得成功，
即使著眼維持世界，你也應該從事行動。——20

優秀人物做這做那，其他人也做這做那；
優秀人物樹立標準，世上的人遵循效仿。——21

阿周那啊！在三界，沒有我必須做的事，
也沒有我應得而未得，但我仍然從事行動。——22

我原本不知疲倦，一旦不從事行動，
普利塔之子阿周那啊！所有的人都會效仿我。——23

---

20 遮那迦（Janaka）是毗提訶國國王。在奧義書中，他是一位熱衷追求「奧義」的著名國王。參閱《大森林奧義書》（Bṛhadāraṇyaka Upaniṣad）4.1-4。他也是史詩《羅摩衍那》（Ramayana）中悉多的父親、羅摩的岳父。

如果我停止行動，整個世界就會傾覆，
我成了混亂製造者，毀掉了這些眾生。——24

婆羅多子孫阿周那啊！無知者行動而執著，
為了維持這個世界，智者行動而不執著。——25

智者按照瑜伽行動，儘管無知者執著行動，
也寧可讓他們喜歡行動，而不要讓他們智慧崩潰。——26

一切行動無例外，由原質的性質造成，
而自高自大的愚人，自以為是行動者。——27

---

24 黑天是主神毗濕奴的化身。在印度教三相神中，梵天司創造、毗濕奴司維護、濕婆司毀滅。

26 無知者分辨不清執著成果的行動和不執著成果的行動，那也不必強求，就讓他們這樣從事行動、喜歡行動，以免他們智慧崩潰，而放棄行動。

27 原質的三種性質——善性、憂性和暗性始終處在行動中，而造成人的行動。

洞悉真諦的智者知道
性質和行動兩者的區別，
認為性質活動在性質中，
大臂者啊！他們不執著。——28

昧於原質性質的人，執著性質造成的行動，
然而知識完整的人，別攪亂知識片面的人。——29

把一切行動獻給我，拋棄欲望，摒棄自私，
專注真我，排除煩惱，你就投入戰鬥吧！——30

---

28 「性質和行動兩者的區別」可理解為性質和行動與自我有區別。「性質活動在性質中」指性質互相作用，產生各種行動。

29 這頌的旨意與26頌相同。對於知識片面的愚人，寧可讓他們執著行動，也不要造成他們思想混亂，不知所措，乃至放棄行動。

如果誰能始終如一，遵循我的這個教導，
懷抱信仰，毫無怨言，就能擺脫行動束縛。——31

昧於一切知識的人，貶損我的這個教導，
拒絕遵循，你要知道，這些無知者遭到毀滅。——32

甚至富有知識的人，也按照自己原質行動，
一切眾生趨向原質，強行壓制有什麼用？——33

感官的好惡愛憎，全都依附感官對象，
不要受這兩者控制，因為它們是絆腳石。——34

自己的職責即使不完美，
也勝過圓滿執行他人職責；
死於自己的職責遠為更好，
執行他人的職責則有危險。——35

阿周那說

黑天啊！是什麼，造成一個人犯罪？
他彷彿不是自願，而是被迫犯罪。——36

---

35 每個人都有自己的種姓或社會職責，不能僭越或替代。

•

37 憂性，參閱第二章45頌注。有些抄本在這頌後面增加有五頌：

阿周那說

它怎麼樣產生？
它怎麼樣發展？
它的性質和行為，
黑天啊，請告訴我。

吉祥薄伽梵說

它很微妙，彷彿快樂，
坐著站著迷惑人；
阿周那啊！它和感官，
是人的最大敵人。

由欲望和憤怒構成，
粗暴可怕，抑止喜悅，

吉祥薄伽梵說

這個欲望，這個憤怒，它的來源就是憂性，
極其貪婪，極其邪惡，要知道敵人在這裡。——37

猶如煙霧籠罩火焰，猶如灰塵蒙住鏡子，
猶如子宮隱藏胎兒，智慧這樣被它蒙蔽。——38

欲望形同烈火，從來難以滿足，
智者永恆之敵，是它蒙蔽智慧。——39

自私自利，自高自大，
作惡之人難以超越。

它遏制人的喜悅，
而給人帶來悲傷；
它不斷地迷惑人，
不斷地製造恐怖。

邪惡卑劣，愛鑽漏洞，
它產生於憂性，
本質愚癡，阿周那啊！
它是人的禍患。

感官、思想和知覺，是欲望立足之處；
它就是利用這些，蒙蔽智慧，迷惑靈魂。——40

它毀滅智慧和知識，
因此，婆羅多雄牛啊！
你首先要控制感官，
去除這個罪魁禍首。——41

人們說感官重要，思想比感官更重要，
智慧比思想更重要，而它比智慧更重要。——42

42 這頌與《伽陀奧義書》(1.3.10) 相似：

感官對象高於感官，
思想高於感官對象，
智慧高於思想，然而，
偉大的真我高於智慧。

由此也可見，這頌中的「它」指「真我」。

知道它比智慧更重要，
那就靠真我加強真我，
大臂者啊，殺死欲望，
這個難以制服的敵人！——43

以上是吉祥的《摩訶婆羅多》中
《毗濕摩篇》第二十五章（25）

第四章

智慧瑜伽

Jñānayoga

黑天講述自己儘管是一切眾生之主，不生不滅，但爲了維持正法，一次又一次化身下凡。由此，黑天向阿周那傳授古老的瑜伽智慧：從事行動而不執著行動成果，就能達到與梵合一，獲得解脫。

吉祥薄伽梵說

這個永恆的瑜伽，我曾告訴毗婆藪，
毗婆藪告訴摩奴，摩奴告訴甘蔗王。——1

就這樣互相傳授，王仙們都知道它；
但由於歷時太久，這個瑜伽又失傳。——2

你虔誠，是我朋友，因此今天我告訴你，
這個古老的瑜伽，這個至高的奧祕。——3

---

1 毗婆藪（Vivasvat）是太陽神。摩奴（Manu）是毗婆藪的兒子、人類始祖、第一位立法者。甘蔗王（Ikṣvāku）是摩奴的兒子、太陽世系的第一位國王。

2 「仙人」（ṛṣi）是對精通吠陀的婆羅門聖賢的稱謂，這裡的「王仙」（rājarṣi）指國王中的聖賢。

阿周那說

是你出生在後，毗婆藪出生在前，
我要怎麼理解，你先宣講這瑜伽？——4

吉祥薄伽梵說

你和我，阿周那啊！都經歷了許多生，
我知道所有這一切，而你不知道這一切。——5

---

4 毗婆藪是古已有之的太陽神，而黑天是阿周那的同代人，因此阿周那這樣提問。

儘管我不生，真我不變，
儘管我是一切眾生之主，
我依然利用自己的原質，
憑藉自己的幻力出生。——6

一旦正法衰落，非法滋生蔓延，
婆羅多子孫啊！我就創造自己。——7

為了保護善良的人，為了鏟除邪惡的人，
為了正法得以確立，我在各個時代降生。——8

---

6 「不生」(aja) 指原本存在，不生不滅。「幻力」(māyā，或譯幻相) 指神祕的創造力，即利用原質創造一切。《白騾奧義書》(vetāśvatara Upaniṣad, 4.8) 中說：「應知幻力是原初物質，有幻力者是大自在天。」

•

7 「創造自己」也就是「憑藉自己的幻力出生」，即化身下凡。

•

8 「時代」(yuga) 是印度古代的神話時間觀念：在宇宙從創造到毀滅的一個周期內，人類也處在圓滿時代、三分時代、二分時代和迦利時代的循環往復之中。這四個時代總共一萬兩千年，其中每個時代的正義依次遞減，也就是從最初的圓滿時代，最終走向黑暗的迦利時代。按照《摩訶婆羅多》中的描寫，黑天作為主神毗濕奴的化身，降生在「迦利時

阿周那啊！誰能真正理解我的神聖出生和行動，
這樣的人拋棄身體後，就不再出生，而歸依我。——9

摒棄激情、恐懼和憤怒，
沉浸於我，尋求我庇護，
通過智慧苦行獲得淨化，
許多人進入我的存在。——10

這樣的人走向我，我就會接納他們，
阿周那啊！每個地方，都有人追隨我的道路。——11

代和二分時代之間」。在《摩訶婆羅多》中，還記載有毗濕奴其他多次化身下凡的事跡，如化身為野豬，潛入海底，拖出被阿修羅拖進海底的大地；化身為羅摩，消滅十首魔王羅波那，等等。

•

9 「不再出生」就是擺脫生死輪迴、獲得解脫。

渴望事業有成的人，在這世上祭祀天神，
因為在這人類世界，行動迅速產生成果。——12

按照性質和行動區別，我創造了四種種姓；
儘管我是種姓創造者，我依然不變，不行動。——13

一切行動不沾染我，我也不貪求行動成果，
誰能夠這樣理解我，他就不會受行動束縛。——14

你已知道從前古人追求解脫，就是這樣行動，
那麼，你就這樣像從前古人一樣行動吧！——15

---

13 關於四種種姓的性質和行動，參閱本書第十八章 41-44。

什麼是行動和不行動？甚至智者也感到困惑；
我將告訴你這種行動，知道後，能擺脫罪惡。——16

應該知道什麼是行動，什麼是錯誤的行動，
還有什麼是不行動，而難處是行動方式。——17

在行動中看到不行動，在不行動中看到行動，
他便是人中的智者，無所不為的瑜伽行者。——18

如果從事一切行動，而擺脫欲望和企圖，
行動經過智火焚燒，聰明人稱他為智者。——19

---

18 這裡所謂的「不行動」也就是不執著行動成果。

19 「智火」是智慧之火。智慧即認識最高存在。行動經過智慧之火焚燒，也就擺脫欲望和企圖，不執著行動成果。

摒棄對成果的執著，永遠知足，無所依賴，
那麼，即使從事行動，他也什麼都沒有做。——20

控制思想和自己，摒棄執著，無所企求，
他僅僅是活動身體，不會犯下什麼罪過。——21

滿足於偶然所得，
超越對立，毫不妒忌，
對成敗一視同仁，
他行動而不受束縛。——22

思想立足於智慧，
摒棄執著，擺脫束縛，
為了祭祀而行動，
他的行動完全融化。——23

梵即祭供，梵即祭品，梵將祭品投入梵火；
誰能沉思梵即行動，這樣的人能達到梵。——24

一些瑜伽行者，用祭祀祭供天神；
另一些瑜伽行者，用祭祀祭供梵火。——25

---

23 為了祭祀而行動，因此，行動作為祭品，融化在祭火中。

24 《薄伽梵歌》將吠陀的祭祀概念擴大為廣義的行動，乃至與梵等同。

有人用耳等感官，祭供控制之火；
有人用聲等對象，祭供感官之火。——26

也有人用生命活動，連同一切感官活動，
祭供由智慧點燃的、自我控制的瑜伽之火。——27

同樣，有些人用財物祭供，
用苦行祭供，用瑜伽祭供，
一些誓言嚴酷的苦行者，
用自己的學問知識祭供。——28

---

26 耳等感官是耳、眼、鼻、舌和身，聲等感官對象是聲、色、香、味和觸。

一些人注重調息，控制吸氣和呼氣，
用吸氣祭供呼氣，用呼氣祭供吸氣。——29

一些人控制飲食，用呼吸祭供呼吸，
所有懂得祭祀的人，用祭祀消除罪惡。——30

享受祭祀剩餘的甘露，
這些人達到永恆的梵；
這個世界不屬於不祭祀者，
阿周那啊！何況另一個世界？——31

---

29 「調息」(prāṇāyāma) 是《瑜伽經》中提到的瑜伽八支之一。《彌勒奧義書》(Maitri Upaniṣad, 6.18) 中提到瑜伽六支，調息也是其中之一。

•

31 「甘露」(amṛta) 指喝下後能長生不死的仙液。這裡用以比喻祭祀後剩下的食物。其含義與 3.13 相同。「何況另一個世界？」可以實指不祭祀者死後不能進入天國世界，也可以喻指不祭祀者不能像祭祀者那樣獲得解脫。

種種祭祀展現梵面前，
它們全都產生於行動；
你應該知道這一切，
知道後，就能獲得解脫。——32

智慧的祭祀勝於一切物質的祭祀；
阿周那啊！一切行動，在智慧中達到圓滿。——33

要知道，通過虔敬，通過提問和侍奉，
洞悉真諦的智者，會把智慧教給你。——34

34 學生虔敬和侍奉老師，通過提問獲得知識，這是印度古代傳統的師徒關係。

知道了這一切，阿周那啊！
你就不會再這樣愚癡，
就會看到所有一切眾生，
都在自我之中，在我之中。——35

即使你犯有罪惡，比一切罪人更有罪，
只要登上智慧之船，就能超越一切罪惡。——36

正如燃燒的烈火，將木柴化為灰燼，
阿周那啊！智慧之火將一切行動化為灰燼。——37

---

35 此處「自我」即阿周那的自我，「我」即黑天。「在自我之中，在我之中」，就是一切眾生的自我與阿周那的自我合一，與黑天合一。

37 行動在智慧之火中化為灰燼，也就是不執著行動成果，而將行動作為祭品，奉獻給黑天。

在這世上，哪裡也找不到
像智慧這樣的淨化者，
通過瑜伽獲得成功的人，
自己在真我中找到它。——38

懷抱信仰，控制感官，專心致志，獲得智慧，
這種獲得智慧的人，很快達到最高的平靜。——39

沒有智慧，沒有信仰，自我懷疑，走向毀滅，
此世、彼世和幸福，都不屬於自我懷疑者。——40

用瑜伽棄絕行動，用智慧斬斷疑惑，
把握住自我的人，不會受行動束縛。——41

因此，用智慧之劍斬斷自己心中無知的疑惑，
婆羅多子孫阿周那啊！立足瑜伽，站起來吧！——42

以上是吉祥的《摩訶婆羅多》中
《毗濕摩篇》第二十六章（26）

41 把握住自我，不執著行動成果，也就不受行動束縛。

第五章

棄絕行動瑜伽

Karmasaṁnyāsayoga

黑天向阿周那說明眞我不同於原質。行動是原質的運動，是感官活動在感官對象中。而眞我保持純潔，不受汙染。因此，棄絕是不執著行動成果，而不是棄絕行動。

阿周那說

你讚揚棄絕行動，又讚揚瑜伽，黑天啊！
請你明確告訴我，兩者之中，哪種更好？——1

吉祥薄伽梵說

棄絕行動和行動瑜伽，兩者都導向至福；
但兩者之中，行動瑜伽比棄絕行動更好。——2

1 阿周那把不執著行動成果誤解為棄絕行動。

無怨恨，無渴望，稱作永遠的棄絕者，
因為擺脫對立的人，很容易擺脫束縛。——3

愚者區別數論和瑜伽，而智者不作截然劃分；
正確地依據其中之一，就能獲得兩者的成果。——4

數論能達到的地方，瑜伽也同樣能達到，
看見數論與瑜伽合一，這樣的人有眼力。——5

但是，沒有瑜伽，棄絕很難達到梵；
而只要實行瑜伽，牟尼很快達到梵。——6

---

3 黑天引導阿周那理解棄絕為擺脫欲望和好惡愛憎，而不是棄絕行動。

4 此處，數論指智慧瑜伽，瑜伽指行動瑜伽。

5 《摩訶婆羅多》的〈和平篇〉中也提到：「瑜伽行者看到的一切，數論者也都發現。知曉瑜伽和數論一致，這樣的人是智者。」（12.293.30）

實踐瑜伽，淨化自己，
控制自己，制伏感官，
真我與眾生真我合一，
即使行動，也不受汙染。——7

瑜伽行者洞悉真諦，認為自己沒有做什麼；
看、聽、嗅、嘗、觸，行走、睡覺和呼吸，——8

說話、放掉和抓住，睜開眼和閉上眼，
他認為是這些感官，活動在感官對象中。——9

---

7 個人的真我與一切眾生真正的自我一樣，都是永恆的、不可毀滅的。

將一切行動獻給梵，摒棄執著，從事行動，
他不受任何罪惡汙染，猶如蓮葉不沾染水。——10

為了保持自我純潔，瑜伽行者摒棄執著，
用身體、思想和智慧，甚至只用感官行動。——11

約束自己，摒棄行動成果，
達到持久的至高平靜；
不約束自己，聽任欲望，
執著成果，就會受束縛。——12

心中已摒棄一切行動，內在的真我作為主宰，
樂於安居九門之城，不行動，也不引起行動。—— 13

這位主宰者並不為這個世界創造行動者和行動，
也不創造業和果的結合，只是自己本性在活動。—— 14

這位主宰者不接受任何人的善和惡，
而無知蒙蔽智慧，導致人們迷惑。—— 15

人們只要用智慧，消除自己的無知，
智慧就會像太陽，照亮至高的存在。—— 16

---

13 「九門之城」指身體。「九門」指身體的九個器官：兩眼、兩耳、兩鼻孔、嘴、肛門和生殖器。《白騾奧義書》(3.18)也有類似描寫：

這個有身的天鵝居於
九門城中，又飛行在外，
它控制整個世界以及
所有的動物和非動物。

「有身的天鵝」即此處所說的「真我」。

•

14 「自己本性」(svabhāva) 指原初物質。

以它為智慧，為自己，以它為根基，為歸宿，
他們用智慧消除罪惡，走向不再返回的地方。——17

博學品高的婆羅門，牛、象、狗，被剝奪種性者，
無論面對的是什麼，智者們都平等以待。——18

他們不帶分別心，這一世就征服造化；
梵無缺陷，等同一切，所以他們立足梵中。——19

不因可愛而高興，不因可憎而沮喪，
智慧堅定不迷惑，知梵者立足梵中。——20

---

17 「它」是真我。「走向不再返回的地方」是擺脫生死輪迴。有些抄本在這頌後面增加有一頌：

雖然心中經常想起它，
在自己行動中觸及它，
即使接觸，也不接觸，
猶如陽光接觸泥沼。

•

18 「被剝奪種性者」(śvapāka) 的原意是「烹狗者」，也就是殺狗和食狗者，後來用於指稱旃陀羅 (Caṇḍāla，被剝奪種性的賤民)。

•

19 「征服造化」是擺脫生死輪迴。「立足梵中」是與梵合一，也就是獲得解脫。

真我不執著外在接觸，他在真我中發現幸福；
用梵瑜伽約束自己，他享受到永恆的幸福。——21

接觸產生的享受，有起始，也有終了，
它們是痛苦源泉，智者不耽樂其中。——22

在身體獲得解脫之前，在這世上能夠承受
欲望和憤怒的衝擊，他是有福的瑜伽行者。——23

他具有內在的幸福，內在的歡喜和光輝，
這樣的瑜伽行者，與梵合一，達到梵涅槃。——24

---

21 「梵瑜伽」（Brahmayoga）也可理解為「智瑜伽」（Jñānayoga），即追求與梵合一。

23 能夠承受欲望和憤怒的衝擊，也就是能夠抵制和摒棄欲望和憤怒。

仙人們滌除罪惡，斬斷疑惑，控制自己，
熱愛一切眾生利益，他們獲得梵涅槃。——25

苦行者理解自我，控制住自己思想，
擺脫欲望和憤怒，他們走向梵涅槃。——26

摒棄外在的接觸，固定目光在眉心，
控制吸氣和呼氣，均衡地出入鼻腔。——27

控制感官、思想和智慧，一心一意追求解脫，
摒棄欲望、恐懼和憤怒，牟尼獲得永久解脫。——28

---

27 在《摩訶婆羅多》的《森林篇》中有「靈魂居於兩眉之間」的說法（3.178.22）。

我是一切眾生的朋友，我是一切世界的主宰，
祭祀和苦行的享受者，知道我的人達到平靜。——29

以上是吉祥的《摩訶婆羅多》中
《毗濕摩篇》第二十七章（27）

第六章

禪定瑜伽

Dhyānayoga

黑天教導阿周那要認識眞我，把握眞我，控制感官，不執著感官對象和行動成果，平等看待一切身外之物。而修習禪定，有助於達到這個境界。

吉祥薄伽梵說

做應該做的事，不執著行動成果，
他是棄絕者，瑜伽行者，但不摒棄祭火和祭禮。——1

你要知道，阿周那啊！所謂棄絕也就是瑜伽，
因為不棄絕欲望，成不了瑜伽行者。——2

牟尼想要登上瑜伽，行動是他們的方法；
牟尼已經登上瑜伽，平靜是他們的方法。——3

1 不摒棄祭火和祭禮，也就是不摒棄祭祀。《薄伽梵歌》推崇的祭祀是崇拜黑天，將一切行動奉獻給黑天。

不執著感官對象，不執著任何行動，
棄絕一切欲望，這稱作登上瑜伽。——4

應該自己提高自我，不應該自己挫傷自我，
因為自我是自己親人，自我也是自己敵人。——5

如果自我制伏自己，自我成為自己的親人；
如果不能制伏自己，自我像敵人充滿敵意。——6

制伏自己，達到平靜，至高的真我沉思入定，
平等看待快樂和痛苦，冷和熱，榮譽和恥辱。——7

自我滿足於智慧和知識，
制伏感官，不變不動，
平等看待土塊、石頭和金子，
這是把握自我的瑜伽行者。——8

對待朋友、同伴和敵人，
旁觀者、中立者和仇人，
親友以及善人和惡人，
他一視同仁，超然卓群。——9

瑜伽行者永遠應該把握自我，獨居幽境，
控制思想和自己，無所企盼，無所貪求。——10

選擇清淨之地，安置自己的座位，
座位穩固，不高不低，鋪上布、皮和拘舍草。——11

控制意念和感官，思想集中在一點，
坐上座位修瑜伽，以求靈魂得淨化。——12

身體、頭顱和脖子，保持端正不動搖，
固定目光在鼻尖，前後左右不張望。——13

---

11 《白騾奧義書》（2.10）中也有關於選擇禪修地點的描述：「應該選擇一個避風的洞穴，平坦清潔，沒有沙、石和火。」等等。

•

12 「修瑜伽」也就是修習禪定。

•

13 《白騾奧義書》（2.8）中也有類似描述：「保持身體平衡，三部分（即胸、頸和頭）挺直，依靠思想，將感官收攝心中。」等等。

自我平靜無所懼，恪守誓言行梵行，
控制思想修瑜伽，一心一意念憶我。——14

瑜伽行者始終如一，把握自我，控制思想，
達到平靜，以我為歸宿，以涅槃為至高目標。——15

瑜伽不能暴食，也不能絕食；
瑜伽不能貪睡，也不能不睡。——16

控制飲食娛樂，控制行為動作，
控制睡眠覺醒，瑜伽消除痛苦。——17

---

14 「梵行」是保持思想、語言和行為純潔。「我」指黑天。

一旦控制思想，真正立足自我，
擺脫一切欲望，才算瑜伽行者。——18

瑜伽行者控制思想，運用瑜伽把握自我，
好比無風之處一盞燈，它的火焰靜止不動。——19

在那裡，修習瑜伽，思想受控變平靜，
用自我觀看自我，始終滿足於自我。——20

---

19 《摩訶婆羅多》的〈和平篇〉中也有類似描述：「瑜伽行者如同在無風處燃燒的油燈，火焰向上，靜止不動。」(12.304.19)

在那裡，他發現憑藉智慧，
可以獲得超感官的至福，
這樣，他更加堅定不移，
決不願意脫離這個真諦。——21

他認為，獲得了它，再也沒有別的需要；
哪怕遇到深重苦難，立足於它，不會動搖。——22

要知道，所謂瑜伽，就是擺脫痛苦束縛；
瑜伽行者意志堅定，不應該精神沮喪。——23

欲望產生於意願，徹底摒棄不留情，
同時要運用思想，全面控制感官群。——24

依靠堅定的智慧，他漸漸達到平靜，
思想固定在自我，不思慮其他一切。——25

思想游移不定，隨時都會躁動，
需要加以控制，接受自我約束。——26

思想平靜，激情止息，純潔無邪，與梵合一，
至高無上的幸福，就會走向這樣的瑜伽行者。——27

始終這樣把握自我，徹底摒棄一切罪惡，
瑜伽行者就很容易獲得接觸梵的至福。——28

自我接受瑜伽約束，在自我中看到眾生，
在眾生中看到自我，無論何處，一視同仁。——29

在一切中看到我，在我中看到一切；
對於他，我不消失，對於我，他不消失。——30

瑜伽行者立足於一，崇拜寓於一切的我，
他無論怎樣活動，都活動在我之中。——31

---

29 《自在奧義書》（Īśā Upaniṣad）中有類似的表述：「在自我中看到一切眾生，在一切眾生中看到自我，他就不會厭棄。」（6）

30 這頌以及下一頌中的「我」（使用的是第一人稱代詞）均指黑天。

他以自我作比照，無論苦樂，平等以待，
阿周那啊！他堪稱完美的瑜伽行者。——32

阿周那說

你講述的這個瑜伽，具有平等的性質，
而我煩躁不安，黑天啊！看不出它有堅實根基。——33

因為思想浮躁，衝動，有力，固執，
黑天啊！我認為它，像風一樣難以把握。——34

吉祥薄伽梵說

毫無疑問，阿周那啊！思想活躍，難以把握，
但是，只要摒棄貪欲，反覆修習，仍可以把握。——35

我認為不控制自己，確實難以獲得瑜伽，
但努力控制自己，便有辦法獲得瑜伽。——36

阿周那說

有信仰而無自制力，思想從瑜伽游離，
他不能完成瑜伽，黑天啊！他將走向何方？——37

在梵路上迷惑動搖，黑天啊！他會不會
像撕裂的雲那樣，從兩邊墜落毀滅。——38

黑天啊！你能為我徹底解除這疑惑，
因為除了你之外，沒人能解除這疑惑。——39

37 有些抄本在這頌後面增加有一頌：
想要走上善路，
卻在梵路徬徨，
思想混亂歧異，
陷入愚癡之中。

吉祥薄伽梵說

無論今世和來世，所有的行善之人，
都不會遭到毀滅，也不會墮入惡道。──40

他沒有實現瑜伽，進入善人的世界，
居住了無數年後，又生在吉祥人家。──41

40 「墮入惡道」指在輪迴中墮入地獄或遭致其他不幸的轉生。

或者，他恰好出生在智慧的瑜伽行者家中，
而這樣幸運的出生，在這世上十分難得。——42

在這裡，他又恢復前生的智慧瑜伽，
再次努力爭取成功，俱盧子孫阿周那啊！——43

前生修習的瑜伽，不由自主吸引他；
只要有心學瑜伽，他就能超越聲梵。——44

勤奮努力，滌盡罪惡，經過不止一次再生，
瑜伽行者獲得成功，最終達到至高目標。——45

---

44 「聲梵」（śabdabrahman）指吠陀經典。「超越聲梵」也就是達到至高的梵，正如《彌勒奧義書》（6.22）中所說：「應知兩種梵：聲梵和至高的梵。通曉聲梵者，獲得至高的梵。」

瑜伽行者勝於苦行者，瑜伽行者勝於智者，
瑜伽行者勝於行動者，你成為瑜伽行者吧！——46

真心誠意皈依我，懷著信仰崇拜我，
一切瑜伽行者中，我認為他最優秀。——47

以上是吉祥的《摩訶婆羅多》中
《毗濕摩篇》第二十八章（28）

46 瑜伽行者實際上綜合苦行、智慧和行動這三者。

第七章

智慧和知識瑜伽

Jñānavijñānayoga

黑天向阿周那說明自己是世界的最高存在，並對自己的原質和自我作出區分。黑天教導阿周那不要爲他的幻相困惑，要確信他高於一切，一心一意崇拜他，皈依他。

吉祥薄伽梵說

聽我說，阿周那啊！你一心念憶我，依靠我，
修習瑜伽，毫無疑問，你將會徹底了解我。──1

這種智慧和知識，我將毫無保留告訴你，
知道後，在這世上，再沒有什麼需要知道。──2

在成千上萬的人中，難得有人爭取成功；
在爭取成功的人中，難得有人真正了解我。──3

地、水、火、風和空，思想、智慧和自我意識，
阿周那啊！這是對我的原質所作的八種區分，——4

這是我的較低原質，我還有一種更高原質，
你要知道，它是生命，這個世界由它維持。——5

你要知道，阿周那啊！它是一切眾生的子宮；
我是全世界的產生者，也是全世界的毀滅者。——6

沒有比我更高的存在，所有一切與我相連，
猶如許許多多珍珠，它們串連在一根線上。——7

---

4 思想（manas，「心」）、智慧（buddhi，「智」）和自我意識（ahaṇkāra，「我慢」），加上地、水、火、風和空，這些是數論對原質的區分。

5 數論將真我和原質作了區分，這裡所謂更高原質也就是真我。「生命」（jīva）一詞在梵語中也可讀作真我或靈魂。

我是水中味，日月之光，一切吠陀中的「唵」，
空中之聲，人之勇氣，貢蒂之子阿周那啊！——8

我是大地的清香，我是火焰的光熱，
一切眾生的生命，苦行者的苦行。——9

阿周那啊！我永遠是一切眾生的種子，
我是智慧者的智慧，我是光輝者的光輝。——10

我是堅強者的力量，用以消除欲望和激情，
婆羅多雄牛阿周那啊！我是眾生合法的欲望。——11

---

8 「唵」（Om）是印度古人在吟誦吠陀時，用於開頭和結束的感嘆詞。在奧義書中，「唵」這個音節被說成是整個世界的象徵、梵的象徵，因而沉思這個音節有助於認知梵。Om由a、u和m三個音組成。在後來的婆羅門教經典中，這三個音分別代表三位主神：梵天、毗濕奴和濕婆；或者代表三部吠陀：《梨俱吠陀》、《娑摩吠陀》和《夜柔吠陀》；或者代表三界：天上世界、空中世界和地上世界。《摩奴法論》（2.74、83）中規定婆羅門念誦吠陀，開頭和結束都要念誦「唵」，並認為這個「唵」是最高的梵。

一切善性、憂性和暗性，
你要知道，都源自我；
但我不在它們之中，
而它們都在我之中。──12

正是這三種性質，迷惑了整個世界，
以致他們都不知道：我不變不滅，高於它們。──13

我的這種神奇幻相，由三性造成，難以超越，
但那些皈依我的人，能夠超越這種幻相。──14

愚昧低賤的作惡者，幻相奪走他們智慧，
他們不願意皈依我，而依賴阿修羅性。——15

受苦者和求知者，求財者和智慧者，
這四種善人崇拜我，婆羅多族雄牛啊！——16

智者永遠修習瑜伽，虔誠專一，超然卓群，
因為智者最熱愛我，所以我也熱愛智者。——17

---

15 「阿修羅性」即魔性。阿修羅（asura）是與天神作對的魔。

儘管所有這些人都高尚，
但我認為智者是我的真我，
因為他能牢牢把握真我，
以我為至高無上的歸宿。——18

經過一次又一次再生，智者最終到達我這裡，
確信黑天就是一切，這樣的高尚靈魂難得。——19

---

18 「智者是我的真我」意謂智者能夠達到與我（黑天）合一。

有些人智慧被欲望奪走，
他們皈依另外一些神，
受自己的原質限制，
遵循這種那種戒規。——20

無論誰懷著信仰，願意崇拜哪個形體，
我都允許他們保持各自的堅定信仰。——21

他們各自懷著信仰，努力撫慰崇拜對象，
由此實現各種欲望，獲得我安排的利益。——22

22　一切原質也源自黑天，因此一切世俗欲望的實現，實際上也是得益於黑天。

但這些智力薄弱的人，他們獲得的成果有限，
祭祀天神者走向天神，唯有崇拜我者走向我。——23

儘管我並沒有顯化，無知者認為我已顯化，
而不知道我的本性，至高無上，不滅不變。——24

隱蔽在瑜伽幻相中，我沒向任何人顯化，
而這個愚癡的世界，不知道我不生不變。——25

我知道過去、現在和未來的一切眾生，
但是，阿周那啊！沒有哪個人知道我。——26

---

23 • 崇拜其他天神能獲得現世幸福或升入天國，然而唯有崇拜黑天才能獲得解脫。

24 • 無知者看到黑天是具體的人，而不知道黑天的真我沒有顯化。

25 • 「瑜伽幻相」（yogamāyā）是黑天的原質的創造力，而黑天的真我隱蔽在瑜伽幻相中，不生不變。

欲望和憎恨造成對立，一切眾生受到迷惑，
婆羅多子孫阿周那啊！他們在創造中走向愚昧。——27

那些修善積德的人，他們滅寂一切罪惡，
擺脫對立和愚昧，嚴守誓言崇拜我。——28

他們向我尋求庇護，努力擺脫衰老死亡，
他們徹底通曉梵，通曉真我和行動。——29

他們都知道我是物主、神主和祭主，
他們約束自己思想，臨死之時也知道我。——30

---

29 「擺脫衰老死亡」，也就是擺脫生死輪迴，獲得解脫。

•

30 「物主、神主和祭主」意謂黑天是萬物、眾神和祭祀的主宰。「臨死之時也知道我」，參閱下一章8.5。

以上是吉祥的《摩訶婆羅多》中
《毗濕摩篇》第二十九章（29）

第八章

不滅梵瑜伽

Akṣarabrahmayoga

黑天向阿周那解釋梵、真我、行動、物主、神主和祭主的含義。實際上，這些是黑天在宇宙中的各種表現。黑天勉勵阿周那修習瑜伽，超越行動成果，達到至高境界。

阿周那說

黑天啊！什麼是梵？什麼是真我和行動？所謂物主是什麼？所謂神主又是什麼？——1

黑天啊！誰是祭主？又怎樣居於這個身體？那些控制自己的人，臨死之時怎麼了知你？——2

吉祥薄伽梵說

梵是不滅的至高存在，真我是自己的本質，
創造被稱作行動，它造成眾生存在。——3

阿周那啊！物主是可滅的存在，神主是原人，
祭主是我，就在這裡，存在於這個身體中。——4

誰在臨終之時念憶我，毫無疑問，
在他拋棄身體後，就進入我的存在。——5

---

4 「可滅的存在」指原質。「原人」（puruṣa）在《梨俱吠陀》（10.90）中是原始巨人，即擬人化的宇宙形象，作為祭品被分割，而化生宇宙萬物。原人由此也被奉為創造主。一切眾生的自我與黑天的至高真我合一，一切眾生的祭祀是對黑天的奉獻。

臨終時念憶什麼，拋棄身體之後，
他就進入什麼，永遠存在其中。——6

因此，時刻念憶我，你就投入戰鬥吧！
思想智慧寄托我，無疑你將皈依我。——7

一心修習瑜伽，決不馳心旁騖，
他念憶和皈依至高神聖的原人。——8

8 黑天在這裡稱自己是「至高神聖的原人」。puruṣa 一詞在《薄伽梵歌》中有三種用法：一是指普通的人；二是指真我（ātman），也就是個體靈魂；三是指黑天，也就是至高的原人。本書在第一種意義上譯作「人」，在後兩種意義上譯作「原人」。

念憶這位古老的先知詩人，
統治者，比微小更微小者，
維持一切，形象不可思議，
色似太陽的超越黑暗者。——9

臨終之時思想堅定虔誠，
他運用瑜伽力約束自己，
正確地將呼吸定在眉心，
就走向至高神聖的原人。——10

---

9 對於「原人」的這些描述源自奧義書，如《剃髮奧義書》（Muṇḍaka Upaniṣad, 3.1.7）：「神聖偉大，形象不可思議，卻又顯得比微小更微小。」《白騾奧義書》（3.8）：「我知道這位偉大的原人，色澤如同太陽，超越黑暗。」

通曉吠陀的人稱其為不滅者，
摒棄激情的苦行者進入其中，
盼望達到它的人實踐梵行，
我將簡要地告訴你這個境界。——11

守住一切身體之門，抑止心中的思想，
把呼吸定在頭頂，專心於瑜伽修持。——12

時時刻刻念憶我，只念一個梵音「唵」，
拋棄身體去世時，他就走向最高歸宿。——13

時時刻刻念憶我，永遠不馳心旁騖，
永遠受瑜伽約束，他就容易到達我。——14

靈魂高尚的人走向我，他們獲得最高成功，
不再出生，不再返回飄忽無常的痛苦淵藪。——15

梵界以下世界，全都輪迴轉生，
而如果皈依我，就不會再出生。——16

梵天一日為一千時代，梵天一夜為一千時代，
只有知道梵天的日夜，才是真正的知道日夜。——17

---

16 「梵界」是天上世界中的最高世界。除了梵界以外，其他的天上世界以及地上世界和地下世界，也就是包括眾天神在內，一切眾生都處在生死輪迴之中。

17 世界每次從創造到毀滅，都要經歷四個時代：圓滿時代、三分時代、二分時代和迦利時代。四個時代總共一萬兩千年，組成一個大時代。一千個大時代組成一劫，相當於梵的一日或一夜。參閱《摩訶婆羅多》12.291.14。

白天來到，一切事物從未顯中顯化，
黑暗降臨，又都消失，這時稱為未顯化。——18

物群始終都是這樣，不由自主，阿周那啊！
黑夜降臨就消失，白天來到又顯化。——19

除了這種未顯化，還有永恆的未顯化，
即使一切眾生毀滅，它也絕不會毀滅。——20

這種未顯叫做不滅，人們稱它為最高歸宿，
到達那裡就不再返回，它是我的至高居處。——21

它是至高的原人，遍及一切，阿周那啊！
眾生存在它之中，赤誠不二，可以獲得它。──22

我告訴你，瑜伽行者在什麼時間逝世，
去後就不再返回，或者去後仍返回。──23

火、光、白晝和月明，太陽北行的六個月，
在這個時候逝世，那些知梵者走向梵。──24

煙霧、黑夜和月暗，太陽南行的六個月，
瑜伽行者這時逝世，到達月亮，又返回。──25

---

25 「月明」和「月暗」指白半月和黑半月。以上兩頌中的說法，《大森林奧義書》6.2.15-16 和《歌者奧義書》5.10.1-7 中有更具體的描述。

光明之路和黑暗之路，兩條永恆的世界之路，
一條路去後不返回，另一條路去後仍返回。——26

知道了這兩條路，瑜伽行者不會迷惑，
因此，無論何時，你都要修習瑜伽。——27

瑜伽行者知道這一切，他們超越吠陀、祭祀、
苦行和布施的功果，達到至高的原始境界。——28

以上是吉祥的《摩訶婆羅多》中
《毗濕摩篇》第三十章（30）

26 「光明之路」通向梵，與梵合一，獲得解脫；「黑暗之路」依然處在生死輪迴中。

第九章

勝王學問和勝王奧祕瑜伽

Rājavidyārājaguhyayoga

黑天向阿周那講述自己創造一切，遍及一切，而又不受行動束縛，超越一切。進而教導阿周那虔誠地崇拜他，將一切行動奉獻給他。

吉祥薄伽梵說

你不懷惡意，
我要告訴你非常祕密的
智慧和知識，知道後，
你就會擺脫一切罪惡。——1

這是勝王的學問和奧祕，
是無與倫比的淨化者，
憑感覺親證，合乎正法，
容易實行，永恆不滅。——2

不信仰這種正法的人，他們到不了我這裡，
仍回到生死輪迴中，折磨敵人的阿周那啊！——3

我並沒有顯現形體，但我遍及一切世界，
一切眾生居於我之中，而我不居於他們之中。——4

甚至眾生也不居於我之中，
請看我這神聖的瑜伽！
那是我的自我生成眾生，
維繫眾生，而不居於其中。——5

---

5 在《薄伽梵歌》中，黑天有時說自己居於眾生之中，有時說自己不居於眾生之中；有時說眾生居於他之中，有時說眾生不居於他之中。這表明黑天作為最高存在，既遍及一切，又超越一切。

要知道，猶如廣大的空氣，遍布一切地方，
永遠占據空間，同樣，一切眾生居於我之中。——6

在這世界毀滅的劫末，一切眾生進入我的原質，
而在世界創造的劫初，我又把一切眾生釋出。——7

我依憑自己的原質，一次又一次釋出他們；
由於受到原質支配，這些物群不能自主。——8

然而，阿周那啊！這些行動不束縛我，
我彷彿冷漠地坐著，不執著這些行動。——9

6　有些抄本在這頌後面增加有一頌：

因此，我隱而不顯，
在一切眾生中活動，
我利用眾生的原質，
與他們同在又不同在。

原質在我的監督下，產生動物和非動物，
正是由於這個原因，世界才流轉不息。——10

因為我依托人體，愚昧的人便輕視我，
不知道作為萬物之主，我的至高無上性。——11

這些愚人的希望落空，行動落空，知識落空，
思想混亂，依附愚癡的羅剎和阿修羅的原質。——12

靈魂高尚的人知道，我是永恆的萬物之源，
他們依附神的原質，全心全意崇拜我。——13

---

11 黑天「依托人體」，指他化身人間。

12 羅剎（rakṣas）和阿修羅都是魔。

勤奮努力，嚴守誓言，他們永遠約束自己，
永遠讚美我，侍奉我，誠心誠意敬拜我。——14

有些人用智慧祭祀，祭供我，侍奉我，
單一、各別、多重的我，面向所有一切的我。——15

我是祭禮，我是祭祀，我是祭供，我是藥草，
我是頌詩，我是酥油，我是祭火，我是祭品。——16

我是世界的父母和祖父，維繫者、可知者和淨化者，
我是那個音節「唵」，我是梨俱、娑摩和夜柔。——17

---

15 黑天的自我獨一無二，但他的原質的表現形式多種多樣。

•

17 「梨俱」是《梨俱吠陀》頌詩；「娑摩」是《娑摩吠陀》讚歌；「夜柔」是《夜柔吠陀》禱詞。

我是歸宿、支持者和主宰，
見證、居所、庇護和朋友，
生成、毀滅、根基和安息地，
我是永恆不滅的種子。——18

我發出光熱，我下雨，我攝取，而又釋放，
既是不朽，又是死亡，既存在，又不存在。——19

通曉三吠陀，飲蘇摩，滌除罪惡，
用祭祀撫慰我，祈求進入天國，
他們到達天神因陀羅的聖潔世界，
在天上享受天神們的神聖生活。——20

---

20 蘇摩（soma）是一種植物，從中榨取的液汁具有興奮作用，稱作蘇摩酒。

他們在廣闊的天界享受，功德消盡後，返回塵世，
他們遵循三吠陀法則，滿懷欲望，來而復去。——21

而有些人沉思我，全心全意侍奉我，
他們永遠約束自己，我給他們瑜伽安樂。——22

有些人懷抱信仰，虔誠祭拜別的神，
儘管不符合儀軌，他們也是祭拜我。——23

我是一切祭祀的享受者和主宰者；
不真正理解我，就會遭受挫折。——24

---

22 「瑜伽安樂」（yogakṣema）指依靠瑜伽獲得解脫。

23 參閱前面 7.20-23。

祭拜天神走向天神，祭拜祖先走向祖先，
祭拜生靈走向生靈，祭拜我者走向我。——25

有些人心地純潔，
虔誠地獻上一片葉，
一朵花，一枚果，一掬水，
我接受這些真誠的供品。——26

阿周那啊！無論做什麼，享受什麼，祭供什麼，
施捨什麼，修什麼苦行，你都把它們奉獻給我。——27

你將擺脫行動的束縛，擺脫善惡之果的束縛，
自我與棄絕瑜伽結合，你將獲得解脫，走向我。——28

我平等看待一切眾生，既不憎惡，也不寵愛，
虔敬我的人在我之中，而我也在他們之中。——29

即使行為惡劣的人，如果一心一意崇拜我，
也應該認為他是好人，因為他下了正確決心。——30

他會迅速遵行正道，由此達到永恆的平靜，
你要知道，阿周那啊！崇拜我，不會遭毀滅。——31

---

28 「棄絕瑜伽」（saṁnyāsayoga）也就是從事行動而不執著行動成果。

即使出身卑賤的人，婦女、吠舍和首陀羅，
只要向我尋求庇護，也能達到至高歸宿。——32

更何況婆羅門和王仙，他們聖潔而又虔誠？
你既然來到這個世界，痛苦無常，就崇拜我吧！——33

你要念憶我，崇拜我，祭供我，向我禮敬，
你就這樣約束自己，以我為歸宿，走向我。——34

以上是吉祥的《摩訶婆羅多》中
《毗濕摩篇》第三十一章（31）

第十章

顯化瑜伽

Vibhūtiyoga

黑天講述自己是世界之主，一切之源。又應阿周那的請求，講述自己神聖的顯化，說明自己是天地萬物中的精華。

吉祥薄伽梵說

你繼續聽我講述這些至高無上的話，
你喜歡聽，阿周那啊！我也懷著善意告訴你。——1

眾天神和眾大仙，不知道我的來源，
因為我是所有這些天神和大仙的起源。——2

2 仙人（ṛṣi）主要是指精通吠陀的聖賢，又可分為三類：出身於天人的叫天仙（devarṣi）；出身於婆羅門的叫梵仙（brahmarṣi）；出身於剎帝利的叫王仙（rājarṣi）。而本頌所指的「大仙」（maharṣi），是特別有道行或受尊敬的仙人、聖賢中的大覺悟者。另外還有多聞仙（śrutarṣi）和至上仙（paramarṣi）等等。

知道我是世界之主，不生者和無始者，
便在塵世中不迷惑，他就擺脫一切罪惡。——3

智慧、知識、不惑、寬容、真實、自制、平靜、
存在、不存在、快樂、痛苦、恐懼和無畏，——4

不殺生、平等、滿足、苦行、施捨、榮譽和恥辱，
眾生各種各樣一切的狀態，確實全都源自於我。——5

古代的七位大仙，還有四位摩奴，
都從我心中產生，眾生由他們產生。——6

6　「七位大仙」是創世之初出現的七位聖賢。摩奴是每個大時代的人類始祖。

誰真正知道我的這種顯化和瑜伽，
毫無疑問，他就會堅定地修習瑜伽。──7

我是一切的本源，一切因我而流轉，
聰明人想到這些，滿懷熱情崇拜我。──8

他們心中想著我，他們的生命趨向我，
互相啟發談論我，永遠喜悅並滿足。──9

他們永遠約束自己，充滿熱情崇拜我，
我給他們智慧瑜伽，他們由此走向我。──10

出自對他們的悲憫，我在他們自我的深處，
用光亮的智慧明燈，驅散無知的黑暗。——11

阿周那說

你是至高的梵，至高居處，
你是至高無上的淨化者，
永恆的原人，不生者，
原始之神，遍及一切者。——12

仙人阿私陀、提婆羅、毗耶娑和神仙那羅陀，
所有仙人都這樣說，而如今你也這樣對我說。——13

你告訴我的這一切，我相信都是正確的，
眾天神或眾檀那婆，都不知道你的顯化。——14

你本人，至高原人啊！
依靠自己知道自己，
眾生之源，眾生之主啊！
神中之神，世界之主啊！——15

---

13 阿私陀、提婆羅和毗耶娑都是仙人（仙人注釋請見本章第2頌）。其中，毗耶娑（Vyāsa）既是《摩訶婆羅多》中的人物，也是《摩訶婆羅多》的作者。那羅陀是神仙（devarṣi），即天神中的仙人。

14 檀那婆（dānava）是與天神做對的魔。

請你毫無保留告訴我，你自己的神聖顯化；
正是通過這些顯化，你遍及世界，屹立其中。——16

我經常思考你，尊者啊！我應該怎樣理解你？
我應該從哪些方面思考你？瑜伽行者啊！——17

請你再詳細說說你的瑜伽和顯化，
你的話語如同甘露，黑天啊，我百聽不厭。——18

吉祥薄伽梵說

好吧！我扼要告訴你，我那些神聖的顯化，
若要細說，阿周那啊！無論如何都說不完。——19

阿周那啊，我是居於一切眾生心中的真我，
我是一切眾生的開始、中間和結束。——20

我是阿提迭中的毗濕奴，我是天體中輝煌的太陽，
我是摩錄多中的摩利支，我是那些星宿中的月亮。——21

我是吠陀中的娑摩吠陀，我是天神中的因陀羅，
我是那些感官中的心，我是眾生中的意識。——22

我是樓陀羅中的商羯羅，我是藥叉和羅剎中的財神，
我是那些婆藪中的火神，我是山峰中的彌盧山。——23

你要知道，阿周那啊！我是祭司中的毗訶波提，
我是統帥中的室建陀，我是湖泊中的大海。——24

---

21 阿提迭（āditya）是一組天神。摩錄多（marut）是一組暴風雨神。

22 在三部吠陀中，《娑摩吠陀》用作吟唱。它在奧義書中，被稱作吠陀的精華。因陀羅（Indra）是雷神和戰神。

23 樓陀羅（rudra）是一組天神，商羯羅（Śaṅkara）即主神濕婆。藥叉（yakṣa）是半神，與羅剎一起侍奉財神。財神（Vitteśa）即俱比羅（Kubera）。婆藪（vasu）是一組天神。彌盧山（Meru，又譯須彌山）是眾天神的住所，位於七大洲中心，一切行星圍繞它運轉。

24 毗訶波提（Bṛhaspati）是天國祭司。室建陀（Skanda）是戰神、主神濕婆的兒子。

我是聖人中的婆利古，
我是語言中的音節「唵」，
我是祭祀中的低聲默禱，
我是高山中的喜馬拉雅山。——25

我是一切樹中的菩提樹，我是神仙中的那羅陀，
我是健達縛中的奇車，悉陀中的牟尼迦比羅。——26

你要知道，我是馬匹中出自甘露的高耳馬，
我是象王中的愛羅婆多，我是人類中的國王。——27

---

25 婆利古（Bhṛgu）是摩奴的兒子。音節「唵」，參閱前面7.8。喜馬拉雅山（Himālaya）或譯雪山。

•

26 菩提樹（aśvattha，又譯畢缽樹）是一種無花果樹，又稱梵樹或宇宙樹。健達縛（gandharva，又譯乾達婆或伎樂天）是天國的歌舞伎。奇車（Citraratha）是健達縛中的一位首領。悉陀（siddha）是半神或聖人。迦比羅（Kapila）是數論創始者。

•

27 高耳馬（Uccaiḥśrava）和愛羅婆多象（Airāvata）都是古時候天神和阿修羅攪乳海攪出的珍寶，而成為因陀羅的坐騎。

我是武器中的金剛杵，我是牛中的如意牛，
我是生殖者中的愛神，我是蛇中的婆蘇吉。——28

我是蛇中的無限蛇，我是水族中的伐樓那，
我是祖先中的阿爾耶摩，我是控制者中的閻摩。——29

我是提迭中的波羅訶羅陀，我是司命中的時神，
我是走獸中的獸王，我是飛鳥中的金翅鳥。——30

---

28 金剛杵（Vajra）是因陀羅的武器，又稱雷杵。在天神和阿修羅攪乳海時，婆蘇吉蛇（Vāsuki）纏在攪棒上，用作牽動攪棒的繩索。

29 無限蛇（Ananta）是主神毗濕奴的坐騎。伐樓那（Varuṇa）是水神。阿爾耶摩（Aryaman）是祖先中的首領。閻摩（Yama）是死神。

30 提迭（Daitya）是魔。波羅訶羅陀（Prahlāda）是魔王的兒子。他虔信主神毗濕奴，遭到魔王迫害。毗濕奴化身人獅，殺死魔王，讓他登上王位。時神（Kāla）即死神。獸王是獅子或老虎。金翅鳥是毗濕奴的坐騎。

我是淨化者中的風，我是武士中的羅摩，
我是魚中的鱷魚，我是河流中的恆河。——31

我是一切創造中的開始、中間和結束，
我是學問中的自我學，我是說話中的論辯。——32

我是字母中的「呃」，我是離合釋中的相違釋，
我是永恆不滅的時間，我是面向一切的創立者。——33

---

31 史詩神話中有三位著名的羅摩（Rāma）：持斧羅摩、持犁羅摩和十車王之子羅摩。這裡可能是指十車王之子羅摩。他是阿踰陀國王，主神毗濕奴的化身，主要事蹟是誅滅十首魔王羅波那。史詩《羅摩衍那》就是描述他的生平事蹟。

•

32 「自我學」（Adhyātmavidyā）是關於真我（或靈魂）的學說。

•

33 「呃」（a）是梵文字母表中的第一個字母。「離合釋」（samāsa）是梵文名詞複合詞，分成：相違釋（並列複合詞）、依主釋（限定複合詞）、持業釋（同格複合詞）、多財釋（定語複合詞）和不變釋（副詞複合詞）。

我是吞噬一切的死神，
我是未來一切的起源，
我是陰性名詞中的名譽、吉祥、
語言、記憶、聰慧、堅定和忍耐。——34

我是曲調中的大調，詩律中的伽耶特利，
我是月份中的九月，時令中開花的春季。——35

我是欺詐中的賭博，我是發光體中的光，
我是勝利，我是努力，我是善人中的善。——36

---

34 梵文名詞分為陽性、陰性和中性。

35 《娑摩吠陀》中的大調（bṛhatsāman）含有三十六個音節。《梨俱吠陀》中的伽耶特利詩律（gāyatrī）含有二十四個音節。印曆九月（Mārgaśīrṣa）相當於西曆十一至十二月，此時，滿月進入觜宿。

有些抄本在這頌後面增加有一頌半：

我是植物中的麥子，
我是礦物中的金子，
我是牛中的公牛，
我是油中的酥油，
我是草中的達薄草，
般度之子阿周那啊！

我是苾濕尼族中的黑天，我是般度族中的阿周那，
我是牟尼中的毗耶娑，我是詩人中的優沙那。——37

我是懲罰中的刑杖，我是求勝者的策略，
我是祕密中的緘默，我是智者的智慧。——38

我也是，阿周那啊！一切眾生的種子，
無論動物和非動物，沒有我，都不存在。——39

我的神聖的顯化，無窮無盡，阿周那啊！
以上我只是簡略地向你說明我的顯化。——40

37 優沙那（Uśanas）是婆利古聖人的兒子。

你要知道，一切存在，無論怎樣莊嚴吉祥，
無論怎樣威武輝煌，都源自我的部分光輝。——41

阿周那啊！你有何必要詳詳細細，全都知道？
我只用我的一小部分，就支撐起這個世界。——42

以上是吉祥的《摩訶婆羅多》中
《毗濕摩篇》第三十二章（32）

第十一章

觀看宇宙形象瑜伽

Viśvarūpadarśanayoga

應阿周那的請求，黑天展示自己的神聖形象——既是世界的創造者，又是世界的毀滅者。由此教導阿周那面對世界中的毀滅，不要恐懼驚慌，而要勇敢地承擔自己的職責。

阿周那說

承蒙你的深情厚誼，對我講了這些話，
稱作至高真我的奧祕，解除了我的困惑。——1

眾生的起源和滅亡，我從你這兒詳細聽說；
也知道了你的永恆偉大，眼似蓮花的黑天啊！——2

就像這樣，至高的神啊！我聽你講述自己，
至高原人啊！我也想看到你的神聖形象。——3

如果你認為我能看到你的形象，瑜伽之主啊！
主宰者啊！那你就向我，顯示永恆不滅的真我吧！——4

吉祥薄伽梵說

請看，阿周那啊！我的形象莊嚴神聖，
各種色彩和形狀，千姿百態，變化無窮。——5

請看諸位阿提迭和婆藪，
樓陀羅、雙馬童和摩錄多，
請看許多前所未見的奇蹟，
婆羅多子孫阿周那啊！——6

現在你看，在我的身體裡，這個統一完整的世界，
容納一切動物和非動物，以及其他你想看的東西。——7

但是，用你的肉眼，你不可能看見我，
我給你一雙天眼，請看我的神聖瑜伽！——8

6 雙馬童（Aśvin）是孿生神，天國神醫。

全勝說

偉大的瑜伽之主，黑天這樣說罷，
他向阿周那顯示至高的神聖形象。——9

無數嘴巴和眼睛，無數奇異的形貌，
無數神聖的裝飾，無數高舉的法寶。——10

穿戴神聖的衣服和花環，塗抹神聖的香料和油膏，
這位大神具備一切奇幻，無邊無際，面向各方。——11

倘若有一千個太陽同時出現在天空，
光芒才能與這位靈魂偉大者相比。——12

般度之子阿周那在這位神中之神身上，
看到一個完整世界，既統一，又多樣。——13

阿周那看到之後，驚訝不已，汗毛直豎，
雙手合十，俯首禮敬，向這位大神說道：——14

阿周那說

神啊！我在你身上看到，一切天神和各類生物，
坐在蓮花座上的大梵天，所有的大仙和神蛇。——15

無數的臂、腹、嘴和眼，
無限的形象遍及一切，
但我看不到，宇宙之主啊！
你的起始、中間和末端。——16

---

15 梵天（Brahma，陽性）是創造之神。在史詩神話中，梵天出生在主神毗濕奴肚臍上長出的蓮花中。

我看到你佩戴著頭冠，
握著鐵杵，舉著轉輪，
光團到處閃耀，難以看清，
陽光火焰圍繞，無邊無際。——17

你不愧是不滅的至高者，
你是宇宙的至高居處，
你是永恆正法的保護者，
我相信你是原初的原人。——18

我看到你無始無終也無中間，
勇力無窮無盡，手臂不計其數，
以日月為眼睛，嘴巴燃燒火焰，
以自己的光輝照耀這個宇宙。——19

靈魂偉大者啊！單你一人，
遍及天地之間和四面八方，
看到這樣神奇威猛的形象，
三界眾生無不誠惶誠恐。——20

成群成群的天神進入你，
雙手合十，驚畏地讚頌你，
眾大仙和悉陀向你祝福，
用大量的聖歌頌詩讚美你。——21

樓陀羅、阿提迭、婆藪、沙提耶、
毗耆、雙馬童、摩錄多、優濕摩波、
健達縛、藥叉、阿修羅和悉陀，
全都驚訝詫異，凝神注視著你。——22

---

22 沙提耶（sādhya）和毗耆（viśva）都是小神。優濕摩波（uṣmapa）是祖先幽靈。

看到你的偉大形象，大臂者啊！
許多嘴、眼和手臂，許多腿腳，
許多肚子，許多可怕的牙齒，
整個世界和我一樣，驚恐惶惑。——23

你頭頂天空，色彩斑斕，
你嘴巴洞開，大眼放光，
看到你，我內心感到恐慌，
失去堅定和平靜，黑天啊！——24

看到你的一張張嘴，神主啊！
布滿可怕的牙齒，如同劫火，
我頓時迷失方向，失去快樂，
請愛憐我吧，世界庇護所啊！——25

所有這些持國的兒子，
和其他許多國王一起，
毗濕摩、德羅納和迦爾納，
還有我方許多著名武士，——26

迅速進入你的這些嘴，裡面布滿可怕的牙齒，
有些人夾在牙縫裡，他們的腦袋已被壓碎。——27

猶如條條江河激流，洶湧奔騰，流向大海，
這些人世間的英雄，進入那些燃燒的嘴。——28

猶如成群的飛蛾迅速撲向燃燒的火焰，走向毀滅，
世上的這些人們迅速進入你的這些嘴，走向毀滅。——29

你用這些燃燒的嘴，舔著吞噬一切世界，
你用光輝遍照宇宙，熾烈的光芒燒灼萬物。——30

---

27 有些抄本在這頌後面增加有一頌半：

堅戰和持國雙方的戰士，
進入你的不可思議的嘴，
遭到各種各樣的人殺戮，
遭到各種各樣武器砍伐，
還遭到你的光焰焚燒，
他們這樣進入你身體。

你的形象恐怖，告訴我，你是誰？
向你致敬，尊神啊！請你愛憐我；
我想要知道你這位原始之神，
因為我不理解你的所作所為。——31

吉祥薄伽梵說

我是毀滅世界的成熟時神，
我在這裡收回一切世界，
對立軍隊中的所有戰士，
即使沒有你，也將不存在。——32

因此，你站起來，爭取榮譽，
戰勝敵人，享受富饒王國吧！
他們早已被殺死，阿周那啊！
你就充當一下象徵手段吧！——33

你就殺死德羅納、毗濕摩、
勝車、迦爾納和其他勇士；
他們已被我殺死，你別怕！
戰鬥吧！你將會戰勝敵人。——34

全勝說

阿周那聽了黑天的話，雙手合十，渾身顫抖，
再次向黑天俯首禮敬，結結巴巴，驚恐地說道：——35

阿周那說

確實，感官之主啊！這個世界樂於讚美你，
恐懼的羅剎逃向四方，所有的悉陀向你致敬。——36

他們怎麼會不向你致敬？靈魂偉大者啊！
你是比梵天更重要的原始創造者，神主啊！
無限者啊！世界庇護所啊！你是不滅者，
既存在，又不存在，以至於超越存在不存在。——37

你是原始之神，亙古的原人，
宇宙的至高居處，至高歸宿，
你是知者，又是被知者，
遍及宇宙，形象無限者啊！——38

你是風神、閻摩和伐樓那，
火神、月神、生主和老祖宗，
一千次地向你致敬！致敬！
再三地向你致敬！致敬！——39

從前面後面，一切者啊！從一切方面向你致敬！
你勇氣無限，力量無限，你遍及一切，是一切者。——40

出於疏忽，也出於鍾愛，
我不知道你的崇高偉大，
只當是朋友，冒昧稱呼你
「黑王子！雅度人！朋友！」——41

遊戲、睡覺、坐著或吃飯，
或者我獨自，或當著眾人，
出於開玩笑，對你不尊重，
我請求你這位無量者寬恕。——42

41 黑天作為主神毗濕奴的化身，下凡降生在雅度族。因而，阿周那以往經常以凡人的方式稱呼他。

你是動物和非動物之父，
世界的崇拜對象和尊師，
無與倫比，威力無比者啊！
三界中沒有比你更偉大者。——43

因此，我匍匐在地，向你致敬，
你是受人禮讚的神，請你賜恩！
你能寬恕我，就像父親對兒子，
朋友對朋友，親人對親人，神啊！——44

---

44 有些抄本在這頌後面增加有三頌：

古代的聖人們也都記得，
你以前種種神聖的奇蹟，
你是這個世界唯一的創造者、
維持者、安排者、主宰和起源。

我還能說出有什麼奇蹟，
對你來說不現實，不可能？
你親自創造了所有這一切，
主宰者啊！你就是這一切。

你不難創造非凡的奇蹟，
因為你的作為無與倫比，
你的性質、光輝和威力，
還有你的神通，不可估計。

我樂於見到前所未見的形象，
但心中驚恐不安，求你垂憐！
神啊！請顯示你原來的形象吧！
世界庇護所啊！神中之主啊！——45

我願意看到你的那種形象，
頭戴頂冠，手持鐵杵和轉輪，
請你呈現你的四臂形象吧！
千臂者啊！宇宙形象啊！——46

46 「四臂形象」在有的抄本中為「雙臂形象」。

吉祥薄伽梵說

我衷心喜愛你，通過自我瑜伽，
顯示這個至高的原始形象，
光輝構成的宇宙，無邊無際，
除你之外，別人從未見過。——47

阿周那啊！在人間，除你之外，
沒有人能看到我的這種形象，
通過吠陀、祭祀、誦習和布施，
或者儀式和嚴酷苦行，都不行。——48

看到我的這種可怕形象，你不要驚慌，不要困惑！
你解除恐懼，心懷喜悅，再看看我的這種形象吧！——49

全勝說

靈魂偉大的黑天說完，再次顯示自己的形象，
恢復原來的優美相貌，讓恐懼的阿周那放心。——50

阿周那說

看到你，黑天啊！優美的人體形象，
現在，我的思想，又重新恢復正常。——51

吉祥薄伽梵說

我這種形象很難看到，而今天我已經讓你看到，
甚至眾天神長期以來，也渴望看到這種形象。——52

通過吠陀和苦行，通過布施和祭祀，
都不能像你這樣看到我的這種形象。——53

阿周那啊！只有依靠忠貞不貳的虔誠，
才能真正理解我，看到我，進入我。——54

誰摒棄執著，為我而行動，
以我為至高目的，崇拜我，
對一切眾生無怨無恨，
他就走向我，阿周那啊！——55

以上是吉祥的《摩訶婆羅多》中
《毗濕摩篇》第三十三章（33）

第十二章

虔信瑜伽

Bhaktiyoga

黑天向阿周那指出虔誠地崇拜他是獲得解脫的方便之門，講述虔信瑜伽的四種方法，並描述虔誠者的行爲特徵。

阿周那說

有些人永遠約束自己，誠心誠意地崇拜你，
有些人崇拜不滅和不顯，他們之中誰更懂得瑜伽？——1

吉祥薄伽梵說

永遠約束自己念憶我，懷著最高信仰崇拜我，
我認為唯有這樣的人，是最優秀的瑜伽行者。——2

1 「不滅」和「不顯」是指梵，世界本源。

然而，有些人崇拜不滅、不顯、無所不在、
不可言明、不可思議、不變、不動和永恆；——3

他們控制所有感官，平等看待所有一切，
愛護一切眾生利益，同樣也到達我這裡。——4

只是思想執著於未顯化，他們會走得更為艱難，
因為未顯化的目標，肉身之人不易達到。——5

把一切行動獻給我，以我為至高目的，
專心致志修習瑜伽，沉思我，崇拜我。——6

這些人的思想進入我，普利塔之子阿周那啊！
我很快就能把他們救出生死輪迴之海。——7

把思想凝聚於我，讓智慧進入我，
隨後，毫無疑問，你將居於我之中。——8

如果不能做到把思想凝聚於我，
你就練習瑜伽，爭取到達我這裡。——9

如果不能練習瑜伽，你就把為我而行動，
作為你的最高目的，這樣，你也會成功。——10

如果連這也不能，那就控制你自己，
依靠我的瑜伽力量，棄絕一切行動成果。——11

因為智慧勝於練習，沉思勝於智慧，
棄絕行動成果勝於沉思，一旦棄絕，立即平靜。——12

不仇視一切眾生，而是友好和同情，
寬容，不自私傲慢，對苦樂平等看待。——13

永遠知足，控制自己，決心堅定，信仰虔誠，
把思想和智慧獻給我，我鍾愛這樣的瑜伽行者。——14

12
以上6-12，講述虔信黑天的四種方法：練習瑜伽、智慧、沉思和棄絕行動成果。

世界不畏懼他，他也不畏懼世界，
擺脫喜怒憂懼，他是我所鍾愛的人。——15

無所企盼，純潔聰慧，超然物外，擺脫疑懼，
摒棄一切舉動，崇拜我，他是我所鍾愛的人。——16

不喜悅，不憎恨，不憂傷，不渴望，
棄絕善惡，我鍾愛這樣的虔誠者。——17

無論敵人朋友，無論榮譽恥辱，
無論冷熱苦樂，平等看待不執著。——18

毀譽榮辱，平等以待，凡事知足，沉默少語，
心無所住，思想堅定，我鍾愛這樣的虔誠者。——19

崇拜上述正法甘露，以我為至高目的，
懷抱信仰，我極其鍾愛這樣的虔誠者。——20

以上是吉祥的《摩訶婆羅多》中
《毗濕摩篇》第三十四章（34）

第十三章

領域和知領域者區別瑜伽

Kṣetrakṣetrajñavibhāgayoga

黑天講述原質和眞我的區別，指出眞正的知識是以眞我爲知識對象。梵、原人或黑天是至高的眞我。

吉祥薄伽梵說

這個身體稱作領域，通曉這個領域的人，
阿周那啊！智者們稱之為知領域者。——[1]

阿周那啊，要知道我是一切領域中的知領域者，
領域和知領域者的知識，我認為才是真知。——[2]

---

1 「領域」（kṣetra）指身體。「知領域者」（kṣetrajña）指通曉身體的人，也指「真我」（ātman）。《白騾奧義書》（6.16）和《彌勒奧義書》（2.5）中即用「知領域者」指稱「真我」。有些抄本在這頌前面增加有一頌：

阿周那說

黑天啊！原質和原人，
領域和知領域者，
知識和知識對象，
我想要知道這一切。

請聽我扼要地告訴你，什麼是領域？它像什麼？
怎樣變化？又從何而來？它是什麼？有什麼能力？——3

仙人已經反覆誦唱，在各種各樣的頌詩中，
在有推理和結論的梵經許多詞句中。——4

五大和我慢，智慧和未顯，
十種感官一種心，五種感官對象。——5

渴望、憎恨和苦樂，聚合、覺知和堅定，
關於領域及其變化，這些是簡要的說明。——6

---

3 這頌中，前面的「它」指「領域」；後面的「它」指「知領域者」。

4 《梵經》(Brahmasūtra) 是最早系統闡釋奧義書哲學的著作，作者據傳是跋達羅衍那 (Bādarāyana)，但年代不詳。

5 「五大」(mahābhūta) 是地、水、火、風和空。「我慢」(ahaṅkāra) 是自我感覺或自我覺知。智慧 (buddhi，「覺」) 是智力。「未顯」(avyakta) 是處於原始狀態的原質。十種感官是五種感覺器官和五種行動器官，參閱 3.6 注釋。心是思想。五種感官對象是色、聲、香、味和觸。這些都是原質的產物，再加上原人，便是數論所謂的「二十五諦」。

不驕傲，不欺詐，戒殺，寬容，正直，
純潔，尊敬老師，堅定，控制自己。——7

摒棄感官對象，絕不妄自尊大，
看清生老病死這些痛苦缺陷。——8

對妻兒和家庭，不貪戀，不執著，
稱心或者不稱心，永遠平等看待。——9

專心修習瑜伽，堅定地崇拜我，
喜歡獨自隱居，厭棄嘈雜人群。——10

追求真我知識，洞悉真知含義，
這被稱作知識，此外皆是無知。——11

我將告訴你知識對象，知道了它，就嘗到甘露，
它是無始、至高的梵，既非存在，又非不存在。——12

到處有它的手和腳，到處有它的頭和臉，
到處有它的眼和耳，居於世界，包羅一切。——13

它似乎具備感官功能，卻又沒有任何感官，
不執著，又支持一切，無性質，又感受性質。——14

---

11 • 「真我知識」是以真我為知識對象。

12 • 「梵」是世界本源，也是至高真我。

13 • 這頌與《白騾奧義書》（3.16）中對「原人」的描述相似：
手足遍及一切，眼、頭和臉遍及一切，
耳朵遍及一切，他在世上覆蓋一切。

14 • 《白騾奧義書》（3.18）中提到它「似乎具有一切感官性質，而實際上摒棄一切感官」。

它在眾生內外，在遠處，也在近處，
不運動，又運動，微妙而不可知。——15

它不可區分，又彷彿在眾生中可以區分；
而作為眾生支持者，它既吞噬，又創造。——16

它是光明之中的光，被稱作超越黑暗者，
它居於一切人心中，是知識、對象和目的。——17

領域、知識和對象，以上作了扼要說明，
虔信我的人知道後，就能進入我的存在。——18

15 這頌與《自在奧義書》(8) 中對「真我」的描述相似：

• 他既動又不動，既遙遠又鄰近，既在一切之中，又在一切之外。

16 • 《白騾奧義書》(6.4) 中提到它「看來不可分，卻又呈現一切現象」。

17 • 「光明中的光」、「超越黑暗者」、「居於一切人心中」，這些均源自奧義書中對真我或梵的描述。

18 • 梵的這些狀態也就是黑天的狀態。

你要知道原質和原人，這兩者都沒有起始，
你要知道變化和性質，它們都產生於原質。——19

效果、手段和行動者，原質被說成是原因；
痛苦和快樂的感受者，原人被說成是原因。——20

原人居於原質中，感受原質產生的性質，
而對性質的執著，是善生和惡生的原因。——21

至高原人居於身體中，是監督者和批准者，
是支持者和感受者，至高真我和大自在者。——22

20

「原人」指真我或至高存在。

誰能這樣了知原人、原質和性質，
無論怎樣活動，他也不會再出生。——23

有人自己通過沉思，在自身中看到真我，
有人通過數論瑜伽，有人通過行動瑜伽。——24

有些人即使不懂這些，聽了別人的話後崇拜，
他們堅信聽來的話，也能夠超越死亡。——25

無論什麼動物和非動物，你要知道，它們的產生，
婆羅多族雄牛啊！都源自領域和知領域者的結合。——26

---

26 「領域和知領域者的結合」也就是原質和真我的結合。

誰能看到至高自在者平等地居於萬物中，
萬物毀滅而它不毀滅，這才是真正的有見識。——27

誰能看到自在者平等地遍及一切，
自己不能傷害真我，他就達到至高歸宿。——28

誰能看到一切行動，都是原質的作為，
真我不是行動者，這是真正有見識。——29

看到各種生物，全都立足於一，
由此延伸擴展，他就達到了梵。——30

---

30 「立足於一」是立足於梵或黑天，也就是個體自我與至高真我合一。

至高真我永恆不滅，沒有起始，沒有性質，
即使它居於身體中，也不行動，不受汙染。——31

正像遍布一切的空，微妙而不受汙染，
居於一切身體的真我，也不受任何汙染。——32

正像一個太陽，照亮整個世界，
這個領域之主，照亮整個領域。——33

凡是用智慧之眼看清領域和知領域者的區別，
了知擺脫眾生原質束縛，他們就會走向至高者。——34

33 「領域之主」是真我。

以上是吉祥的《摩訶婆羅多》中
《毗濕摩篇》第三十五章（35）

第十四章

三性區別瑜伽

Guṇatrayavibhāgayoga

黑天講述原質的三種性質的區別。這三種性質的組合方式決定人的性格。黑天勉勵阿周那運用虔信瑜伽，超越三性，獲得解脫。

吉祥薄伽梵說

我還要講述知識中至高無上的真知，
所有牟尼知道了它，由此達到最高成就。——1

正是依靠這種知識，他們達到與我合一，
創造時，他們不生，毀滅時，他們不懼。——2

2 「創造」和「毀滅」指世界的創造和毀滅。「不生」指已經擺脫生死輪迴，不再出生。

偉大的梵是我的子宮，我安放胚胎於其中，
由此產生一切眾生，婆羅多子孫阿周那啊！——3

貢蒂之子阿周那啊！任何子宮產生的形體，
偉大的梵是他們的子宮，我是播下種子的父親。——4

善性、憂性和暗性是原質產生的性質；
在身體中，它們束縛永恆不滅的真我。——5

其中的善性純潔，因而明亮和健康，
阿周那啊！但它執著快樂和知識，而束縛真我，——6

憂性則是激質，因執著渴望而產生，
阿周那啊！你要知道，它執著行動，而束縛真我，——7

暗性產生於無知翳質，從而蒙蔽一切自我，
阿周那啊！它放逸、懶惰和昏沉，而束縛真我，——8

善性執著快樂，憂性執著行動，
暗性蒙蔽智慧，執著驕慢放縱。——9

善性壓倒憂性和暗性，憂性壓倒善性和暗性，
暗性壓倒善性和憂性，這是三性的存在方式。——10

---

10 每個人的性格取決於這三種性質（又稱三德）的組合方式，即哪種性質占據優勢。

在身體眾門中，閃耀智慧光芒，
由此可以知道，善性占據優勢。——11

如果憂性占據優勢，婆羅多族雄牛啊！
便產生貪婪、活動、行動、焦躁和渴求。——12

如果暗性占據優勢，俱盧子孫阿周那啊！
便產生昏暗和停滯，還有放逸和愚癡。——13

善性占據優勢，生命解體以後，
前往清淨世界，與無上知者為伍。——14

---

11 「眾門」指各種感官，參閱前面5.13。

憂性占優勢，死去後，投生執著行動的人；
暗性占優勢，死去後，投生愚昧者的子宮。——15

人們說善行的果實具有善性且純潔，
憂性果實是痛苦，暗性果實是無知。——16

善性產生智慧，憂性產生貪欲，
暗性產生放逸、愚昧和無知。——17

善性之人上進，憂性之人居中，
暗性之人下沉，性質行為低劣。——18

如果看到除了性質外，沒有任何其他行動者，
同時了悟且超越性質，他就進入我的存在。——19

一旦這個自我超越產生於身體的三性，
擺脫生老死之苦，他也就嘗到了甘露。——20

阿周那說

超越三性的人，具有哪些特徵？
通過什麼行動，怎樣超越三性？——21

吉祥薄伽梵說

般度之子阿周那啊！光明、活動和愚癡，
出現時，他不憎恨，消失時，他不渴望，——22

他坐著像旁觀者，不為三性所動，
明知三性在動，他也端坐不動。——23

立足真我，平等看待苦和樂，
平等看待土塊、石頭和金子，
平等對待可愛和不可愛，
平等對待責備和讚美。——24

等同榮譽和恥辱，等同朋友和敵人，
棄絕一切舉動，這就是超越三性。——25

運用虔信瑜伽，堅定地侍奉我，
他超越這三性，就切合成為梵。——26

26 「成為梵」（Brahmabhūya）也就是「與梵合一」。

因為我是不死的、不滅的梵之所在，
永恆正法之所在，究竟幸福之所在。——27

以上是吉祥的《摩訶婆羅多》中
《毗濕摩篇》第三十六章（36）

第十五章

至高原人瑜伽

Puruṣottamayoga

黑天講述自己是超越一切眾生和個體自我的至高原人，即至高眞我；勉勵阿周那看清自我，履行職責，克服執著，從而擺脫生死輪迴。

吉祥薄伽梵說

人們說永恆的菩提樹，樹根在上，樹枝在下，
葉子是頌詩，知道它，他便是通曉吠陀者。——1

它的樹枝受到三性滋育，
上下伸展，樹芽是感官對象，
它的樹根受到行動束縛，
向下在人世間延伸擴展。——2

---

1 在奧義書中，菩提樹象徵宇宙形象、象徵梵。如《伽陀奧義書》（2.3.1）中說：「這棵永恆的菩提樹，樹根向上，枝條向下；它是純潔者，是梵，被稱為不死的永恆者，不可超越；一切世界依靠它。」又如，《彌勒奧義書》（6.3）中說：「這三足之梵，根部向上，枝條是空、風、火、水和地等等，名為菩提樹。它的光是太陽，也就是唵這個音節。」而在這裡，菩提樹象徵輪迴轉生的生存方式。

它無始，無終，無基礎，
世上無人知道它的形象，
而用鋒利的無執著之斧，
砍斷這棵堅固的菩提樹，——3

人們就能找到一條路徑，
通向再也不返回的地方，
說道：「我到達原初的原人，
以往的一切活動源自此處。」——4

4 以上1-4對菩提樹的描述可參閱《摩訶婆羅多》的〈馬祭篇〉中的類似描述：「以未顯者為種子，以智慧為樹幹，以我慢為枝幹，以感官為嫩芽，以五大元素為枝條，以感官對象為小枝條，永遠長著樹葉，開著花朵，結出甜果或苦果，這就是維繫一切眾生的、永恆的梵樹。用至高的知識之劍砍倒它劈開它、拋棄它、擺脫生死、達到不朽、摒棄自私、摒棄我慢，毫無疑問，這樣的人獲得解脫。」（14.47.12-14）

不驕慢虛妄，克服執著，永遠把握自我，抑止欲望，
擺脫苦樂對立，不愚昧，他就能達到永恆的境界。——5

那是我的至高居處，日月火光照臨不到，
一旦到達了那裡，人們就不再返回。——6

只是我的一部分永恆，變成生命世界的生命，
支配居於原質中的感官，其中的心是第六感官。——7

自在者占據身體，後又帶著感官離開，
猶如一陣風吹過，帶走原處的香味。——8

---

7 「生命世界的生命」指人的真我（靈魂）。眼、耳、鼻、舌和身是五種感官，心是第六種。

8 「自在者」指原人，即真我或至高真我。

耳、眼、觸、舌和鼻，還有第六種感官心，
自在者支配這些感官，享受各種感官對象。——9

它或離開或停留，感受或擁有性質，
愚癡之人看不見，智慧之眼能看見。——10

勤勉的瑜伽行者，看見它居於自身中；
無知者不約束自己，即使勤勉也看不見。——11

你要知道，陽光照亮整個世界，
還有月光和火光，都是我的光輝。——12

我進入這個大地，用精氣維持眾生；
我成為多汁的月亮，滋潤所有的藥草。──13

我依附眾生身體，成為生命之火，
與呼氣吸氣結合，消化四種食物。──14

我進入一切心中，由於我，
才有記憶、智慧和否定；
可以通過一切吠陀知道我，
我是吠檀多作者，精通吠陀。──15

---

14 「四種食物」是按照嚼、吮、舔和喝四種進食方式分類。

15 「否定」(apohana) 指排除疑惑，或以否定的方式確認事物。吠檀多(Vedānta) 的原義是「吠陀的終極」，也就是闡釋吠陀真諦的「奧義書」。

這世上有兩種人，可滅者和不滅者，
可滅者是一切眾生，不滅者是不變者。——16

還有一種至高原人，被稱作至高的真我，
這位永恆的自在者，進入三界，維持三界。——17

我超越可滅者，也高於不滅者，
在世界上和吠陀中，被稱作至高原人。——18

凡是思想不愚癡，知道我是至高原人，
他就是通曉一切者，全心全意崇拜我。——19

---

16 「不滅者」指真我。

這種至上奧祕的學問，我已告訴你，阿周那啊！
知道了它，就能得智慧，就能完成自己的職責。——20

以上是吉祥的《摩訶婆羅多》中
《毗濕摩篇》第三十七章（37）

第十六章

神性和魔性區別瑜伽

Daivāsurasampadvibhāgayoga

黑天將人分爲神性的人和魔性的人兩種，神性導致解脫、魔性導致束縛，並分別描述這兩種人的行爲特徵。

吉祥薄伽梵說

無畏，心地純潔，堅持智慧瑜伽，
布施，自制，祭祀，誦習，苦行，正直，——1

戒殺，誠實，不嗔怒，棄絕，平靜，不誹謗，
憐憫眾生，不貪婪，和藹，知恥，不浮躁，——2

精力充沛，寬容，堅定，純潔，無惡意，不驕慢，
阿周那啊！這些屬於生來具有神性的人。——3

欺詐，狂妄，傲慢，暴躁，魯莽，無知，
阿周那啊！這些屬於生來具有魔性的人。——4

由神性導致解脫，由魔性導致束縛，
阿周那啊！別憂慮，你生來具有神性。——5

在這世上創造的生物，分為神性和魔性兩種，
神性我已經詳細描述，現在請聽我講述魔性。——6

---

4 「魔性」即阿修羅性。

6 《大森林奧義書》（1.3.1）中提到：「生主的子孫有兩種：天神和阿修羅。」

那些具有魔性的人，不知道活動和停止；
純潔、規矩和真誠，在他們身上找不到。——7

他們宣稱世界不真實，沒有根基，沒有主宰，
並非互為因果而生成，除了欲望，別無其他。——8

他們堅持這種看法，喪失自我，缺乏智慧，
行為暴戾，成為惡人，導致世界走向毀滅。——9

他們狡詐，驕慢，瘋狂，沉迷難以滿足的欲望，
愚昧無知，執著虛妄，懷著邪惡的誓願行動。——10

---

8 「沒有主宰」指不相信至高之神。「並非互為因果而生成」指不相信業報因果。「欲望」指人的貪欲或愛欲。

他們一直到死亡，充滿無窮的焦慮，
以享樂為最高目的，堅信這就是一切。——11

身纏千百條願望繩索，耽溺於欲望和憤怒，
為滿足欲望和享受，不擇手段，斂聚財富。——12

「今天我已獲得這個，明天我要獲得那個；
這份財富是我的，那份也將成為我的。——13

「我殺死了這個敵人，我還要殺死別的敵人，
我是主宰者，享受者，成功者，強大者，幸福者。——14

「我是富有者，高貴者，還有誰能夠和我相比？
我祭祀，我布施，我快樂。」愚昧無知的人這樣說。——15

思想顛倒混亂，陷入愚癡之網，
執著欲望和享受，墜入汙穢的地獄。——16

只顧自己，冥頑不化，依仗富有而瘋狂傲慢，
他們虛偽地舉行祭祀，徒有其名，不合儀軌。——17

他們執著自私、暴力、驕傲、欲望和憤怒，
仇視居於自己和別人身體中的我，滿懷忌妒。——18

---

18 「我」指黑天。黑天作為至高真我，居於一切人的身體中。

這些卑劣的惡人，殘酷粗暴的仇視者，
我不斷把他們投入魔性子宮，輪迴不止。——[19]

這些愚昧的人進入魔性子宮，生而又生；
他們到達不了我這裡，只能永遠墮落沉淪。——[20]

欲望、憤怒和貪婪，是導致自我毀滅，
通向地獄的三重門，應該摒棄這三者。——[21]

避開這三座黑暗之門，所作所為有利真我，
阿周那啊！這樣的人，就能達到至高目標。——[22]

無視經典中的規範，從事行動隨心所欲，
達不到成功和幸福，也無法達到至高目標。──23
經典是準則，決定你該做什麼，不該做什麼；
了知經典的規範，你就能在世上採取行動。──24

以上是吉祥的《摩訶婆羅多》中
《毗濕摩篇》第三十八章（38）

第十七章

三種信仰區別瑜伽

Śraddhātrayavibhāgayoga

黑天依據善性、憂性和暗性將人的信仰分爲三類，也據此將食物、祭祀、布施和苦行分爲三類，勉勵阿周那懷抱信仰、從事行動，而不執著行動成果。

阿周那說

有些人無視經典規範，滿懷信仰舉行祭祀，
黑天啊，他們依據什麼？屬於善性、憂性或暗性？——1

吉祥薄伽梵說

人的信仰分為三種：善性、憂性和暗性，
產生於自己的本性，請聽我告訴你這些。——2

所有一切人的信仰，都符合各自的本性；
每個人由信仰造成，他會成為他所信仰的。——3

善性之人祭祀眾天神，憂性之人祭祀藥叉和羅剎，
而那些暗性之人，祭祀各種各樣的亡靈和鬼魂。——4

有些人無視經典規範，修練嚴酷可怕的苦行，
他們虛偽且妄自尊大，充滿欲望、激情和暴力。——5

要知道，他們喪失理智，折磨身體的各種元素，
甚至也折磨身體中的我，他們下定了魔的決心。——6

---

6 「我」指黑天。

一切人喜愛的食物，以及祭祀、苦行和布施，
全都可以分為三種，請聽我講述這種區分。——7

味美、滋潤、結實和可口，增強生命、精氣和力量，
促進健康、幸福和快樂，是善性之人喜愛的食物。——8

苦、酸、鹹、燙和辛辣，還有刺激的和燒灼的，
引起痛苦、悲哀和疾病，是憂性之人喜愛的食物。——9

餿味的和走味的，變質的和腐敗的，
殘剩的和汙穢的，是暗性之人喜愛的食物。——10

按照規範舉行祭祀，不期望獲取功果，
只是認為應該祭祀，這是善性之人的祭祀。——11

舉行祭祀，企盼功果，滿足虛榮，你要知道，
婆羅多族俊傑啊！這是憂性之人的祭祀。——12

不按照規定進行祭祀，不供食品，不念頌詩，
不付酬金，缺乏信仰，這是暗性之人的祭祀。——13

崇敬天神、婆羅門、老師和智者，純潔，
正直，梵行，不殺生，這是身體的苦行。——14

言語不擾亂人心，真實、動聽而有益，
經常吟誦研讀經典，這是語言的苦行。——15

思想清淨而安定，心地純潔而溫和，
控制自己而沉默，這是思想的苦行。——16

懷著最高的信仰，修練這三種苦行，
不期望獲取功果，稱作善性的苦行。——17

企盼禮遇、榮耀和崇敬，懷著虛榮，修練苦行，
這稱作憂性的苦行，動搖不定，難以持久。——18

愚昧固執修練苦行，採取自我折磨手段，
或者為了毀滅他人，這稱作暗性的苦行。——19

在合適的地點時間，布施值得布施的人，
不求回報，只為布施，這稱作善性的布施。——20

一心期望回報，或者企盼功果，
勉強地進行布施，這是憂性的布施。——21

在不合適的地點時間，布施不合適的人，
不按禮節，態度輕慢，這是暗性的布施。——22

「唵！那，真實。」相傳是梵的三種標記，婆羅門、吠陀和祭祀，在古時候由此形成。——23

因此，那些知梵的人，總是要先念誦「唵」，按照經典規範，從事祭祀、布施和苦行。——24

渴望解脫，從事祭祀、苦行和布施，不企求獲取功果，只是想著「那」。——25

「真實」這個詞，用在真性和善性上，阿周那啊！也用在值得稱讚的行動上。——26

---

23 「唵」（Om）、「那」（tat）和「真實」（sat）這三個詞在奧義書中經常用以指稱梵。關於「唵」（Om），如《伽陀奧義書》（1.2.15）中說道：

這個音節是梵，這個音節是至高者，知道這個音節，他便得以心遂所願。

關於「那」（tat），如在《歌者奧義書》（6.8-16）中說道：「這個微妙者（『梵』）構成所有一切的自我。它（tat）是真實，它是真我，它是你。」

關於「真實」（sat），如《歌者奧義書》（6.1-2）中，將梵說成是最初的、獨一無二的「存在」（sat，也可譯為「有」或「實在」），也就是「真實」。

•

25 「想著『那』」也就是渴望解脫，追求與梵合一。

堅信祭祀、苦行和布施，這些被稱作「真實」，
為此採取的任何行動，同樣也被稱作「真實」。——27

從事獻祭、布施和苦行，而無信仰，這是「不真實」，
無論是在現世或死後，阿周那啊，那都沒有價值。——28

以上是吉祥的《摩訶婆羅多》中
《毗濕摩篇》第三十九章（39）

第十八章

解脫和棄絕瑜伽

Mokṣasaṁnyāsayoga

黑天闡明不能棄絕必要的行動，而應該摒棄對行動成果的執著。他依據善性、憂性和暗性，將摒棄、知識、行動、行動者、智慧、堅定和幸福各分爲三類。他也依據這種數論原理確認四種種姓的職責，勉勵阿周那履行自己的職責，通過智慧、行動和虔信，達到永恆不滅的境界。最後，阿周那表示疑惑解除，決心遵行黑天的教導行事。

阿周那說

大臂者啊！我想知道，棄絕和摒棄這兩者，
它們各自的真正含義，感官之主黑天啊！——1

吉祥薄伽梵說

棄絕充滿欲望的行動，詩人們稱之為棄絕；
摒棄一切行動的成果，智者們稱之為摒棄。——2

---

2 阿周那將「棄絕」（saṁnyāsa）和「摒棄」（tyāga）作出區分，而從黑天的回答看，「棄絕」和「摒棄」兩者的「真正含義」是一致的，即行動而不懷抱欲望，行動而不執著成果。

有些智者說行動有弊端，應該摒棄；另一些則說，
諸如祭祀、布施和苦行，這些行動，不應該摒棄。——3

婆羅多族俊傑啊！聽我對摒棄的論斷：
人中之虎阿周那啊！摒棄可以分為三種，——4

祭祀、布施和苦行，這些行動不應該摒棄，
而應該實行，因為它們是智者的淨化手段。——5

摒棄了執著和成果，這些行動仍應實踐，
阿周那啊！這是我的最終的想法和結論。——6

棄絕必要的行動，這樣並不適當，
這是暗性之人，出於愚癡而摒棄。──7

如果懼怕身體勞累，認為痛苦而摒棄行動，
這是憂性之人的摒棄，不會獲得摒棄的果報。──8

從事必要的行動，認為應該這樣做，
而摒棄執著和成果，這是善性之人的摒棄。──9

有智慧的人充滿善性，斬斷疑惑，實行摒棄，
他不憎恨討厭的行動，也不執著愉快的行動。──10

在這世上，沒有人能夠徹底摒棄行動，
只要摒棄行動成果，他就被稱作摒棄者。——11

不摒棄者在死後，獲得三種行動成果：
稱心、不稱心或參半，而棄絕者一無所獲。——12

數論原理中已講述，一切行動獲得成功，
有五種原因，阿周那啊！請聽我告訴你，——13

基礎和行動者，各種各樣手段，
各種各樣行動，第五種是神明。——14

14 其中，「基礎」指身體；「手段」指各種器官；「神明」指命運或天命。

一個人從事行動，用身體、語言和思想，
無論行動正確或錯誤，原因都是這五種。——15

正是這樣，誰把自己看成是唯一的行動者，
只能說明他智力不全，思路不正，缺乏見識。——16

誰的本性不自私，智慧沒有受汙染，
即使殺了世上之人，也沒殺，不受束縛。——17

知識、知識對象和知者，是行動的三種驅使者；
手段、行動和行動者，是行動的三種執持者。——18

知識、行動和行動者，分別按照性質數論，
依據性質分為三種，請聽我如實告訴你。——19

通過它，在一切眾生中，
看到一種永恆不變的狀態；
在一切可分中看到不可分，
你要知道，這是善性知識。——20

如果依據個別性，而在一切眾生中，
看到各種個別狀態，要知道，這是憂性知識。——21

19 「性質數論」（Guṇasaṁkhyāna）指數論的性質理論。

盲目執著一種結果，彷彿它就是全部，
淺薄狹隘，不得要領，這被說成是暗性知識。——22

不執著，無愛憎，從事必要的行動，
不企求行動成果，這是善性的行動。——23

充滿欲望，或者懷著自私心理，
竭盡全力行動，這是憂性的行動。——24

出於愚癡而行動，不顧能力和後果，
不惜破壞和殺害，這是暗性的行動。——25

擺脫執著不自負，勇猛精進有毅力，
成敗得失不動搖，這是善性行動者。——26

熱烈渴求行動成果，嗜殺成性，汙穢不潔，
貪得無厭，或喜或悲，這是憂性行動者。——27

放蕩不羈，粗野，驕橫，虛偽，狡詐，
懶惰，拖沓，沮喪，這是暗性行動者。——28

阿周那啊！請聽我分別依據性質，
細說三種智慧，以及三種堅定。——29

知道怎樣活動和停止，
什麼該做和什麼不該做，
恐懼和無畏，束縛和解脫，
阿周那啊，這是善性智慧。——30

不能如實理解合法和非法，
該做和不該做，這是憂性智慧。——31

為癡暗所蒙蔽，視非法為合法，
顛倒一切是非，這是暗性智慧。——32

堅定不移修瑜伽，控制思想和呼吸，
約束各種感官活動，這是善性的堅定。——33

正法、愛欲和財富，緊緊抓住不放手，
充滿執著，渴求成果，這是憂性的堅定。——34

頭腦愚癡而不能擺脫昏睡、恐懼、
憂惱、沮喪和瘋狂，這是暗性的堅定。——35

現在，請聽三種幸福，婆羅多族雄牛啊！
通過反覆不斷實踐，感到快樂，滅寂痛苦。——36

真我和智慧沉靜，開始如同毒藥，
結果如同甘露，這是善性的幸福。——37

感官和對象接觸，開始如同甘露，
結果如同毒藥，這是憂性的幸福。——38

昏睡、懶惰和放逸，無論開始和結果，
自我始終迷離恍惚，這是暗性的幸福。——39

三性產生於原質，沒有生物能夠擺脫，
這個大地上沒有，天國眾神中也沒有。——40

婆羅門、剎帝利和吠舍，還有首陀羅的行動，
按照他們各自本性產生的性質加以區分。——41

平靜、自制和苦行，純潔、寬容和正直，
智慧、知識和虔誠，是婆羅門本性的行動。——42

勇敢、威武和堅定，善於戰鬥，臨陣不脫逃，
慷慨布施，大將風度，是剎帝利本性的行動。——43

耕種、畜牧和經商，是吠舍本性的行動；
以侍奉他人為己任，是首陀羅本性的行動。——44

熱愛各自的工作，人們由此獲得成功，
怎樣熱愛自己工作，獲得成功？請聽我說。——45

一切眾生都源自它，它遍及所有這一切，
用自己的工作供奉它，人們就會獲得成功。——46

自己的職責即使不完美，
也勝過圓滿執行他人職責；
從事自己本性決定的工作，
他就不會犯下什麼罪過。——47

---

46 「它」指至高真我或至高存在，也就是黑天。

●

47 這頌的前半與前面 3.35 的前半相同。

即使帶有缺陷，
也不應該摒棄生來注定的工作，
因為一切行動都帶有缺陷，
猶如火焰總是帶有煙霧。——48

無論何處，有智慧而不執著，控制自己，消除渴望，
通過棄絕成果而獲得超越行動的至高成功。——49

聽我扼要地告訴你，怎樣像獲得成功那樣，
獲得梵，阿周那啊！那是智慧的最高境界。——50

接受純潔的智慧約束，堅定地控制自己，
摒棄聲等等感官對象，拋開熱愛和憎恨。——51

離群索居，節制飲食，控制語言、身體和思想，
專心致志修習禪定瑜伽，永遠摒棄世俗欲情。——52

擺脫自傲、暴力和驕橫，消除欲望、憤怒和占有，
毫不自私，內心平靜，這樣的人就能與梵合一。——53

與梵合一，自我平靜，他不憂傷，不渴望，
平等看待一切眾生，達到對我的最高崇拜。——54

51　「聲等等」指聲、色、香、味和觸。

由於這種崇拜，他真正理解我；
由於真正理解我，他就直接進入我。——55

他從事一切行動，永遠以我為依托
憑我的加持，達到永恆不滅的境界。——56

全心全意崇拜我，把一切行動獻給我，
努力修習瑜伽智慧，你就永遠念憶我吧！——57

念憶我，憑我的加持，你將克服一切困難；
如果自私，不聽從教誨，你就會走向毀滅。——58

你出於自私心理，決定不參加戰鬥，
這是錯誤的決定，原質將會約束你。——59

受到出自自己本性的行動束縛，阿周那啊！
即使困惑，不願行動，你也將不得不行動。——60

阿周那啊！自在者居於一切眾生心中，
他用幻相轉動登上機關的一切眾生。——61

全心全意求他庇護吧！憑他的恩典，阿周那啊！
你將獲得至高的平靜，你將達到永恆的居處。——62

59 這裡的「原質」指阿周那本身的剎帝利性。也就是說，阿周那作為剎帝利，必須投入戰鬥。

61 「自在者」（Īśvara，或譯自在天）指原人，即至高真我或至高之神。「機關」（yantra）指自在者用幻相創造的事物，由此，一切眾生如同由自在者操縱的「機關木偶」（yantraputraka）。

我已經告訴你，這種最祕密的智慧，
你充分考慮之後，按照你意願去做吧！——63

請再聽我的至高之語，一切之中的至高奧祕，
因為我熱切鍾愛你，要指明你的利益所在。——64

你要念憶我，崇拜我，祭祀我，向我禮敬，
我保證你會到達我，因為我熱切鍾愛你。——65

摒棄一切法則，以我為唯一庇護；
不必憂傷，我會讓你擺脫一切罪惡。——66

不修苦行，不虔誠，不願聽取，忌恨我，
無論何時，你都不能把這些話告訴這些人。——67

誰在信仰我的人中間，宣講這個至高奧祕，
以我為至高崇拜對象，無疑他將到達我這裡。——68

人類中，沒有哪個人，比他更加熱愛我；
大地上，不會有別人，比他更令我鍾愛。——69

誰能學習我倆之間，這席合乎正法的對話，
我認為，我會受到他的智慧的獻祭。——70

懷抱信仰，摒除怨憤，虛心聽取，獲得解脫，
這樣的人就會到達行善者的清淨世界。——71

你是否聚精會神，已經聽清楚這些話？
因無知產生的困惑，你是否已經消除？——72

阿周那說

由於你的恩典，我已經解除困惑，恢復記憶；
打消疑慮，變得堅定，我將按照你的話去做。——73

全勝說

聽了黑天和高尚的阿周那兩人之間，
這席奧妙的對話，我高興得汗毛直豎。——74

瑜伽之主黑天，親自講述瑜伽，
我承蒙毗耶娑恩典，聽到這個至高奧祕。——75

黑天和阿周那之間這番奧妙聖潔的對話，
我一遍又一遍回想，一次又一次歡欣鼓舞。——76

75

「承蒙毗耶娑恩典」，參閱1.1注。

黑天神奇無比的形象，國王啊！令我驚詫不已，
我一遍又一遍回想，一次又一次歡欣鼓舞。——77

哪裡有瑜伽之主黑天，有弓箭手阿周那，我認為，
那裡就有吉祥和勝利，就有繁榮和永恆的正義。——78

以上是吉祥的《摩訶婆羅多》中
《毗濕摩篇》第四十章（40）。
《薄伽梵歌篇》終

InSpirit 21

薄伽梵歌：最偉大的哲學詩

作　　者　毗耶娑 Vyāsa
譯　　者　黃寶生
責任編輯　席　芬
副總編輯　劉憶韶
總 編 輯　席　芬
社　　長　郭重興
發行人兼
出版總監　曾大福
出 版 者　自由之丘文創事業／遠足文化事業股份有限公司
Email: freedomhill@bookrep.com.tw
發　　行　遠足文化事業股份有限公司
231 新北市新店區民權路 108-2 號 9 樓
電　　話　02 2218 1417　傳真 02 8667 1065
劃撥帳號　19504465　戶名：遠足文化事業股份有限公司
美術設計　羅心梅
印　　製　前進彩藝有限公司
法律顧問　華洋法律事務所 蘇文生律師
定　　價　320 元
初版一刷　2017 年 8 月
ISBN 978-986-94238-7-8　Printed in Taiwan

國家圖書館出版品預行編目 (CIP) 資料

薄伽梵歌：最偉大的哲學詩 / 毗耶娑著；黃寶生譯 . -- 初版 . -- 新北市：自由之丘文創，遠足文化，2017.08
面；　公分 . -- (InSpirit ; 21)

ISBN 978-986-94238-7-8 (精裝)
1. 印度哲學　2. 瑜伽

137.84　　106011256